Lese*freunde* 2

**Ein Lesebuch
für die Grundschule**

Herausgegeben von
Irene Hoppe

Erarbeitet von
Marion Gutzmann
Irene Hoppe
Alexandra Ritter
Michael Ritter
und der Verlagsredaktion

VOLK UND WISSEN

Lesefreunde 2

Herausgegeben von:
Irene Hoppe

Erarbeitet von:
Marion Gutzmann, Irene Hoppe, Alexandra Ritter, Michael Ritter

Unter Einbeziehung der Ausgabe von:
Kerstin Granz, Marion Gutzmann, Irene Hoppe

Unter Beratung von:
Dagmar Diewald (Rositz), Jenny Glase (Berlin), Kerstin Granz (Biederitz),
Matthias Klocke (Berlin), Heike Redel (Berlin), Gisela Schmidt (Halle)
und dem Team der Martin-Andersen-Nexö Grundschule (Greifswald)

Redaktion: Nina Offrich, Mirjam Löwen, Nathalie Contrael

Illustrationen: Christa Unzner, Uta Bettzieche (Hund + Detektiv, Kapitelvignetten),
Liliane Oser (Piktogramme), Originalillustrationen

Umschlaggestaltung: tritopp, Berlin; Christa Unzner (Illustration)

Layout und technische Umsetzung: tritopp, Berlin

www.cornelsen.de

Die Webseiten Dritter, deren Internetadressen in diesem Lehrwerk angegeben sind,
wurden vor Drucklegung sorgfältig geprüft. Der Verlag übernimmt keine Gewähr für
die Aktualität und den Inhalt dieser Seiten oder solcher, die mit ihnen verlinkt sind.

2. Auflage, 4. Druck 2023

Alle Drucke dieser Auflage sind inhaltlich unverändert
und können im Unterricht nebeneinander verwendet werden.

Aus didaktischen Gründen wurden die Texte gekürzt/vereinfacht.

Druck: Mohn Media Mohndruck, Gütersloh

ISBN 978-3-06-083666-6
ISBN 978-3-06-084035-9 (E-Book)

PEFC zertifiziert
Dieses Produkt stammt aus nachhaltig
bewirtschafteten Wäldern und kontrollierten
Quellen.
www.pefc.de

PEFC/04-31-1033

Inhalt

Lesetraining

Magazin (Leseübung)

Partnerlesen

Freundeseite

In der Schule

Erzählkreis
Kunst
Sport
Musik
Englisch
Mathematik
Deutsch
Frühstück
Hofpause

Tagesplan

Das finde ich auf meinem Schulweg besonders…

Partnerlesen

Zahneraufgaben: Karte Nr. 3 und 4
Geldkiste

Schulweg-R… finden

Ballspielen W… werfen

…nser Sch…

Das war heute toll!
Setze einen Magneten!

Ich …
Ich lese.
Ich lese schon.
Ich lese schon immer.
Ich lese schon immer besser.

Schwerpunkt-Bildungsstandards in diesem Kapitel:
◗ Texte genau lesen
◗ bei Verständnisschwierigkeiten Verstehenshilfen anwenden: nachfragen, Wörter nachschlagen, Text zerlegen

7

Immer länger lesen

Sommer
Sommerferien
Sommerferientag
Sommerferientagerlebnis

Pausen
Pausenhof
Pausenhofspiel
Pausenhofspielplatz
Pausenhofspielplatzgerät

Sommer
Sommerferien
Sommerferienhaus
Sommerferienhaustür

Li
Line
Lineal

Kle
Klebe
Klebestift

Alle …
Alle Kinder …
Alle Kinder kommen.
Alle Kinder kommen wieder.
Alle Kinder kommen wieder gern.
Alle Kinder kommen wieder gern zur Schule.

Aber …
Aber ich …
Aber ich freue mich.
Aber ich freue mich über nichts.
Aber ich freue mich über nichts mehr.
Aber ich freue mich über nichts mehr als über lustige Lehrer.

● Übe mit einem Partnerkind. Wähle einen Text aus.
Lies zuerst langsam und dann immer schneller vor.

● Was siehst du auf dem linken Bild? Welcher Text passt dazu?

Suchmeldungen

See sucht Fisch,
Schüler sucht T   .

Kuh sucht Weide,
Tafel sucht Krei   .

Licht sucht Schimmer,
Lehrer sucht Z   .

Ski sucht Lift,
Blei sucht St   .

Glas sucht Flasche,
Feder sucht T   .

Fass sucht Brause,
Hof sucht   .

Hand sucht Tuch,
Märchen sucht   .

🔴 Welche Wörter verstehst du nicht? Schreibe jedes Wort auf.
Frage nach, was die Wörter bedeuten. | Lift | | Schimmer |

Ein Yak mit Axt

X Y

EIN YAK MIT AXT UND TEXASHUT
WAR X-MAL SCHON IN MEXIKO.
DIE EXTRA HOHEN YUCCA-PALMEN
GEFALLEN IHM EXTREM GUT.

Nadia Budde

● Was ist ein **Yak**? Frage einen Tier-Experten.

● Wie viele Wörter mit X entdeckst du?
    8   9   10   11

○ bei Verständnisschwierigkeiten Verstehenshilfen anwenden:
nachfragen, Wörter nachschlagen, Text zerlegen
○ Texte genau lesen

Wenn das M nicht wär erfunden

Wenn das **M** nicht wär erfunden,
wäre manches schief und krumm.
Denn dann hießen **M**ax und **M**oritz
Ax und Oritz. Das wär dumm.

Ax   Oritz

Wenn das **S** nicht wär erfunden,
wäre manches schief und krumm.
Denn dann hieße die **S**abine
nur Abine. Das wär dumm.

Wenn das … nicht wär erfunden,
wäre manches schief und krumm.
Denn dann hieße …
nur … Das wär dumm.

nach James Krüss

Mmmmm?

🔴 Schreibe deinen Namen auf eine Karte.
Sprich mit der geknickten Karte die letzte <u>Strophe</u>.

🌈 Was weißt du über Max und Moritz? Erzähle.

◐ handelnd mit Texten umgehen, z.B. illustrieren, inszenieren, umgestalten, collagieren
◐ Kinderliteratur kennen: Werke, Autoren und Autorinnen, Figuren, Handlungen

11

Eine Buchstabenrolle basteln

Ihr könnt zu einem Buchstaben eine Buchstabenrolle gestalten.
Ihr könnt zu zweit oder in der Gruppe arbeiten.

So geht es:

1. Besorgt euch eine leere   .
2. Teilt die Buchstaben unter euch auf.
3. Gestaltet einen passenden Bogen Papier
   zu eurem Buchstaben. Beklebt die Rolle damit.
4. Füllt die   zu eurem Buchstaben.
   Nutzt die Ideen auf den Seiten 12 und 13.

Das kannst du zum **B** sammeln
oder auf einem Blatt gestalten:

- Wörter
- Gegenstände
- ein Rätsel
- einen Zungenbrecher
- einen Reim
- eine Speise oder ein Getränk
- den Buchstaben in unterschiedlichen Schriften
- ein Buchstabenbild
- …

🔴 Welche Ideen aus der Liste sind schon auf oder in der Rolle?

🔴 Was ist ein **Zungenbrecher**? Erkläre einem Partnerkind das Wort.

○ Texte genau lesen
○ bei Verständnisschwierigkeiten Verstehenshilfen anwenden: nachfragen,
Wörter nachschlagen, Text zerlegen

So kannst du eine Stelle im Text finden und genau lesen

Tipp 1: eine Zeile im Text suchen

Lies die Aufgabe zum Text.

In welcher Zeile sollst du suchen?

Lies die Zeile genau.

Löse die Aufgabe.

Nutze die Zahlen am Anfang der Zeile.

> 3 In einem der v...
> 4 sitzen jeden Mo...
> 5 Zirkus-Kinder.
> 6 Sie sitzen in der...
>   Was lernen si...

Tipp 2: die passende Stelle zum Bild finden

Was siehst du auf dem Bild?

Suche danach im Text.

Lies genau. Passt die Stelle zum Bild?

Setze einen Spielstein

auf die richtige Textstelle.

> ...en Morg...
> ...us-Kinder.
> ...sitzen in der Zirkus...
> ...s lernen sie dort?
> ...tanzen?
> ...erwerfen?
> ...icks?

Zirkus-Schule

1 Rings um das Zirkus-Zelt stehen
2 Wagen.
3 In einem der Wagen
4 sitzen jeden Morgen zehn Kinder,
5 Zirkus-Kinder.
6 Sie sitzen in der Zirkus-Schule.
7 Was lernen sie dort?
8 Seiltanzen?
9 Messerwerfen?
10 Zaubertricks?
11 Nein!
12 Sie lernen,
13 was alle Kinder in der Schule lernen:
14 Schreiben,
15 Lesen,
16 Rechnen.
17 Aber nach der Schule,
18 da üben sie Kunststücke,
19 z.B.*
20 Zebra-Tanz zu dritt.

Ute Andresen

* zum Beispiel (Abkürzung)

● Wie viele Kinder sitzen jeden Morgen in einem Wagen?
   Lies Zeile 4 genau.

● In welchen Zeilen steht das Wort **Zirkus**?

● Was siehst du auf Bild 1? Suche die passende Stelle im Text.

In der Kuchenfabrik

1 Im Streuselkuchen ist Streusel,
2 im Pflaumenkuchen sind Pflaum',
3 im Marzipankuchen ist Marzipan,
4 im Baumkuchen ist ein Baum.

5 Im Kirschkuchen sind Kirschen,
6 im Obstkuchen ist Obst,
7 im Reibekuchen eine Küchenreibe,
8 ich hoffe, dass du ihn lobst.

9 Im Käsekuchen ist Käse,
10 im Hundekuchen ein Hund,
11 und wenn der Jens so weiterfrisst,
12 wird er noch kugelrund.

Franz Fühmann

Im Zitronenkuchen sind …
im Apfelkuchen sind …
im Mandarinenkuchen sind …
im Papageienkuchen ist ein …

Im Kartoffelkuchen sind …
im Zwiebel …
im Schneewittchen …
im …

Ist das Gedicht lustig oder traurig?

● Wie findest du das Gedicht von Franz Fühmann? Begründe.

● Lies Zeile 4. Welches Bild passt zu dieser Zeile?

○ eigene Gedanken zu Texten entwickeln, zu Texten Stellung nehmen
und mit anderen über Texte sprechen
○ Texte genau lesen

Uch bun dur Frunz

Franz geht in die zweite Klasse.
Er möchte eine Geheimsprache erfinden.
Die Mama vom Franz hat eine Idee …

Die Mama fragte:
5 „Wie wäre es mit der U-Sprache?"
Man müsse bloß jedes A
und jedes E und jedes I
und jedes O zu einem U machen!
Sie deutete auf Papa und sagte:
10 „Dus ust dur Pupu!"
Der Franz hatte kapiert und rief:
„Und uch bun dur Frunz!"
„Exakt!", sagte die Mama.
„Uxukt!", verbesserte der Franz.
15 Bis zum Schlafengehen
trainierte der Franz begeistert die U-Sprache.
Er bat die Mama um ein Stück „Schukuludu",
er suchte sein „Ruchunhuft",
er putzte sich die „Zuhnu" und
20 er wusch sich den „Huls".
Und als er endlich im Bett lag, rief er:
„Gutu Nucht!"

Christine Nöstlinger

Speech bubble: Dus ust dur Pupu!

Label: Papa

● Suche aus dem Text drei Wörter in der U-Sprache heraus.
   Schreibe jedes Wort richtig auf ein Kärtchen.

● Schreibe deinen Namen oder andere Wörter
   in der U-Sprache oder in der I-Sprache auf.

◐ bei Verständnisschwierigkeiten Verstehenshilfen anwenden: nachfragen,
   Wörter nachschlagen, Text zerlegen
◐ handelnd mit Texten umgehen, z.B. illustrieren, inszenieren, umgestalten, collagieren   **AH** S.9   **17**

Abzählreime

Eins, zwei, drei, vier, fünf,
Stiefel, Schuh und Strümpf,
Strümpfe, Stiefel, Schuh,
weg bist du.

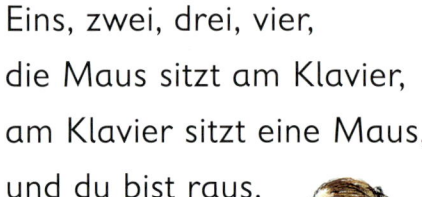

Eins, zwei, drei, vier,
die Maus sitzt am Klavier,
am Klavier sitzt eine Maus,
und du bist raus.

Mein Bruder, mein Bruder
sitzt immer am Computer.
Er geht nie aus dem Haus,
und du bist raus.

Türkischer Abzählreim

O pitti, pitti
karamela sepeti
terazi lastik
jimnastik
son dersimiz matematik.

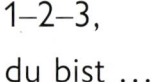

1–2–3,
du bist …

7–8–9–10,
du musst …

🌈 Welcher Abzählreim gefällt dir besonders gut? Warum?
Trage den Reim einem Partnerkind vor.

🔴 Welche Wörter im türkischen Abzählreim kannst du verstehen?

⚪ selbst gewählte Texte zum Vorlesen vorbereiten und sinngestaltend vorlesen
⚪ bei Verständnisschwierigkeiten Verstehenshilfen anwenden:
   nachfragen, Wörter nachschlagen, Text zerlegen

18

Fang-Spiele in der Pause

Elefanten-Hasche

Du bist der Fänger.

Strecke deinen rechten Arm aus.

Nun umspanne ihn mit dem linken so,

5 dass du mit der linken Hand

deine eigene Nase anfassen kannst.

Jetzt hast du einen „Rüssel".

Mit diesem „Rüssel" schlägst du

ein Kind ab. Das abgeschlagene Kind

10 ist nun der Fänger.

Schatten-Fange

Das ist ein Spiel für Sonnenwetter.

Du bist Fänger. Versuche,

den Schatten eines Mitspielers

5 mit dem Fuß zu berühren.

Das Kind, dessen Schatten

gehascht wurde, scheidet aus.

So ein
langer Satz!

Mache erst
am Ende eine
große Pause.

🔴 Betrachte das linke Bild.
Welche Stelle im Text daneben passt genau?

🔴 Im unteren Text steht ein Satz in drei Zeilen.
Finde den Satz.

Was gehört nicht in den Schulranzen?

Was bleibt übrig?

Der Bleistift kann	Tintenwörter löschen.
Der Füller kann	graue Linien zeichnen.
Der Buntstift kann	Kreise zeichnen.
Der Zirkel kann	Bleistiftlinien radieren.
Der Tintenkiller kann	Tintenwörter schreiben.
Der Radiergummi kann	Wörter füllern.
	etwas bunt ausmalen.

1. Übung zum Überprüfen der Sinnerwartung
2. Übung zum Aufbau der Sinnerwartung

Lösungen S.196

Finde die fünf Unterschiede

In jeder Zeile steckt ein Kuckucksei

In die Federtasche gehören Buntstifte, Bleistifte, Buntspechte und ein Radiergummi.

Im Klassenraum stehen Bänke, Schränke, Regale und Wale.

Auf dem Pausenhof kann man spielen, rudern, essen und quatschen.

In der Turnhalle gibt es Bälle, Beete, Bänke und Matten.

GEHÖRT DER ZU MIR ODER ZU IHNEN?

HE, DU IN DER MITTE! STEH DOCH BITTE MAL AUF!

Paul Maar

Wie viele Gegenstände entdeckst du?   5   7   8

HEFTBUCHLINEALFÜLLERPINSELSCHEREKLEBERRADIERER

Der Weg zur Schule

Im Winter, wenn es frieret,
im Winter, wenn es schneit,
dann ist der Weg zur Schule
fürwahr noch mal so weit.

Und wenn der Kuckuck rufet,
dann ist der Frühling da;
dann ist der Weg zur Schule
fürwahr noch mal so nah.

Wer aber gerne lernet,
dem ist kein Weg zu fern.
Im Frühling wie im Winter
geh ich zur Schule gern.

Heinrich Hoffmann von Fallersleben

● Welche Wörter kennst du nicht?
Frage nach, was die Wörter bedeuten.

● In welcher Jahreszeit magst du deinen Schulweg am liebsten?
Male ein Bild dazu. Sprich mit einem Partnerkind über dein Bild.

○ bei Verständnisschwierigkeiten Verstehenshilfen anwenden: nachfragen, Wörter nachschlagen, Text zerlegen
○ eigene Gedanken zu Texten entwickeln, zu Texten Stellung nehmen und mit anderen
über Texte sprechen

Jakob und der große Junge

Jakob geht nicht mehr gern zur Schule. Unterwegs wartet jeden Tag
ein großer Junge auf ihn. Der große Junge ist viel älter als Jakob und viel,
viel stärker. Eines Tages kriegt Jakob unerwartet Hilfe.

Der große Junge steht diesmal
5 hinter einer Hausecke.
„Hast du mein Geld?", fragt er sofort.
Jakob schüttelt den Kopf.
„Dann kannst du was erleben!",
sagt der große Junge.

10 „He, lass den Stöpsel gefälligst in Ruhe, ja?!",
sagt das Mädchen.
Der große Junge lässt von Jakob ab.
Dann geht alles blitzschnell. Das Mädchen packt
den großen Jungen am Arm, stellt ihm gleichzeitig ein Bein,
15 macht eine kurze Bewegung – und der große Junge
überschlägt sich und sitzt verdattert auf der Straße.
Er steht auf und will sich auf das Mädchen stürzen:
Aber sie hat ihn schon wieder am Arm gefasst.
Diesmal landet er noch schneller auf dem Boden.
20 Und dazu noch in einer Pfütze.

Stumm steht der große Junge auf und geht weg.

Paul Maar

● Was will der große Junge
   von Jakob? Lies Zeile 6 genau.

● Was siehst du auf dem unteren Bild?
   Welche Stelle im Text passt genau dazu?

Tagesplan der Klasse 2a

Das war heute toll!
Setze einen Magneten!

Tagesplan

Erzählkreis

Kunst

Sport

Musik

Englisch

Mathem...

Deuts...

Frühst...

Hofp...

Das finde ich auf meinem Schulweg besonders...

Partnerlesen: Lesebuch S. 26 oder 27

Zehneraufgaben: Kartei Nr. 3 und 4
Geldkiste

Schulweg-Rap erfinden

Ballspiele, Weitwerfe...

Unser Schulh...

🔴 Lies genau. Beantworte die Fragen:
In welchem Fach erfinden die Kinder den Schulweg-Rap?
Welches Fach haben die Kinder nach der ersten Hofpause?
Wie viele Kinder fanden Sport toll?

🌈 Denke dir eine Frage aus. Stelle sie einem Partnerkind.

○ gezielt einzelne Informationen suchen
○ verschiedene Sorten von Sach- und Gebrauchstexten kennen

AH S.10

Hexe Lillis Zaubertrick

Lilli hat ein ganz besonderes Buch. Ein Hexenbuch!
Ob ihr das Hexenbuch beim Rechnen helfen kann?

Das Wort Rechnen beginnt
mit dem Buchstaben R.

5 Also sucht Lilli unter
dem Buchstaben R.
In der ersten Zeile mit R steht:
„Raben reden respektlos!
Rat: Regelmäßig rupfen."

10 Sechs Zeilen weiter
findet Lilli die Worte
„Rechne restlos richtig."
Dahinter steht
die Seitenzahl *1842*.

15 Oje, so eine große Zahl
kann Lilli noch gar nicht lesen.

Aber Lilli ist schlau!
Sie merkt sich einfach
die einzelnen Zahlen

20 in der richtigen Reihenfolge.
Zuerst eine Eins,
dann eine Acht,
dann eine Vier
und zum Schluss eine Zwei.

25 Ein guter Trick!
Bald hat Lilli die richtige Seite gefunden.
Was steht da ganz oben?

KNISTER

🔴 Was stimmt?
• Lilli hat ein Hexenbuch.
• Lilli kann schon
  eine große Zahl lesen.
• Lilli merkt sich
  einzelne Zahlen.
• Lilli findet die richtige Seite.

Partnerlesen

Zwei Elefanten

Zwei Elefanten,
die sich gut kannten,
hatten vergessen,
ihr Frühstück zu essen.
Da sagte der eine:
„Was ich jetzt brauch,
ist ein Wurstbrot
in meinem Bauch."
Da sagte der andere:
„Ich auch."

Saskia Pape

Partnerlesen
So kannst du üben, Texte flüssig vorzulesen:

● Suche dir ein Kind zum **Partnerlesen**.

1 Lest gemeinsam den Text halblaut vor.

2 Lest nun abwechselnd. Ein Kind liest
die schwarzen Zeilen. Das andere Kind
liest die blauen Zeilen.

3 Lest den Text noch einmal.
Tauscht die Zeilen.

4 Schätzt ein, wie ihr den Text
jetzt lesen könnt:
• besser als beim ersten Mal
• schon flüssiger
• noch etwas zu langsam

Wenn ein Löwe in die Schule geht

Wenn ein Löwe in die Schule geht,
lernt er:
brüllen und schleichen
und mit weichen
Tatzen
kratzen.

Wenn ein Igel in die Schule geht,
lernt er:
Kugel spielen,
nachts holterdipoltern
und die langen
Schlangen
fangen.

Wenn ein Floh in die Schule geht,
lernt er:
Hochsprung und beißen,
das will schon was heißen.

Friedl Hofbauer

🔴 Suche dir ein Kind zum **Partnerlesen**.
Übt gemeinsam, den Text flüssig vorzulesen.

🔴 Welche Tiere gehen im Text zur Schule?
Setze einen Spielstein auf das kleinste Tier.

Das wünsche ich mir

Im neuen Schuljahr möchte ich ganz viel Mathe machen. Ben, 7

> Rote Kirschen ess ich gern,
> schwarze noch viel lieber.
> In die Schule geh ich gern,
> alle Tage wieder.

Das gefällt mir an der Schule: …   Das finde ich nicht so gut: …

Im neuen Schuljahr möchte ich: …   Das probiere ich aus: …

Unsere Schule stelle ich mir so vor: …

★ Tausche dich mit einem Partnerkind darüber aus, was dir an der Schule gefällt oder was du dir für das 2. Schuljahr wünschst.

★ Schreibe deine Gedanken oder Wünsche auf. Nutze die Satzanfänge.

★ Gestalte dein Schulhaus aus einem Briefumschlag und einer Sprechblase aus Papier. Schreibe einen Wunsch in die Denkblase.

⊙ handelnd mit Texten umgehen, z.B. illustrieren, inszenieren, umgestalten, collagieren

Im Herbst

Herbst

Die Bäume brauchen ihr Laub nicht mehr.
Die kahlen Äste tragen jetzt
Vögel.

Georg Bydlinski

Schwerpunkt-Bildungsstandards in diesem Kapitel:
- selbst gewählte Texte zum Vorlesen vorbereiten und sinngestaltend vorlesen
- gezielt einzelne Informationen suchen

29

So kannst du ein Gedicht zum Vorlesen vorbereiten

Herbstlied
Bunt sind schon die Wälder, |
gelb die Stoppelfelder |
und der Herbst beginnt. ||
Rote Blätter fallen, |
graue Nebel wallen, |
kühler weht der Wind. ||

Johann Gaudenz von Salis-Seewis

Was bedeutet **wallen**?

Schritt 1: schwierige Wörter üben

Lies das Gedicht leise.
Schreibe schwierige Wörter ab
und setze Silbenbögen darunter.

Stoppelfelder

Schritt 2: Gedichtvortrag überlegen und üben

- Überlege, wie du das Gedicht vortragen kannst:
  Fröhlich oder traurig? Leise oder …?
- Mache Pausen:
  – am Zeilenende |
  – wenn ein Satz beendet ist || | und der Herbst beginnt. || |
  – am Ende einer Strophe ||
- Lies das Gedicht mehrmals laut, bis du es gut kannst.

Schritt 3: Gedicht vortragen

Trage das Gedicht einem Partnerkind vor.
Dein Partnerkind sagt dir, was du schon gut
machst und was du noch verbessern kannst.

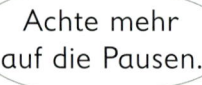

Achte mehr
auf die Pausen.

Vogelabschied

Es kommt die Zeit,
es kommt die Zeit,
wir ordnen uns zu Zügen.
Wir müssen weit,
wir müssen weit
und fliegen, fliegen, fliegen.

Es fällt so schwer,
es fällt so schwer
zu scheiden, liebe Kinder.
Wir fürchten sehr,
wir fürchten sehr
den Winter, Winter, Winter.

Bruno Horst Bull

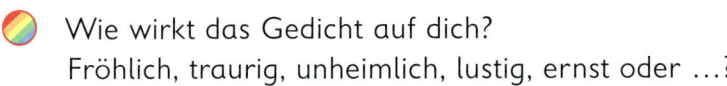

Wie wirkt das Gedicht auf dich?
Fröhlich, traurig, unheimlich, lustig, ernst oder …?

Bereite dich auf einen Gedichtvortrag vor.
Achte auf die Pausen.

Schnupfenzeit

Wenn bei Kindern Nasen laufen,
Eltern sich die Haare raufen,
ist es wieder mal so weit:
Ohren-, Halsweh-, Schnupfenzeit.

Kindernasen blinken rot,
Ohrenschmerzen machen Not.
„Mama, hilf, ich riech nichts mehr,
und das Schlucken fällt mir schwer!"
„Hab Geduld, du wirst schon sehen,
morgen wird's dir besser gehen!"

Und wenn das Kind – gesund – kann scherzen,
beginnt's in Mamas Hals zu schmerzen …

KNISTER

Nasenküsse schmecken gut,
Nasenküsse gehn ins Blut,
aber eines muss man wissen:
Man soll nie mit Schnupfen küssen!

Rolf Zuckowski

● Betrachte die Bilder. Worum geht es wohl in den Texten?

● Lies die blauen und roten Stellen im Gedicht **Schnupfenzeit** so,
dass man sich Kind und Mutter gut vorstellen kann.

○ Verfahren zur ersten Orientierung über einen Text nutzen
○ selbst gewählte Texte zum Vorlesen vorbereiten und sinngestaltend vorlesen

Schnupfengefahr

Überall lauern Krankheitserreger auf uns.
Sie heißen **Viren** (sprich: Wieren).
Man kann sie nicht einmal
mit der Lupe erkennen,
5 so klein sind sie.
Wenn wir frieren, sehr müde und
schlapp sind, ist unser Körper geschwächt.
Dann schleichen sich die **Viren** über die Nase
und den Mund in unseren Körper ein.
10 Wir bekommen Schnupfen, Husten, Halsweh.
Manchmal müssen wir sogar im Bett bleiben,
weil wir Fieber haben.
Eine solche Erkältung ist aber nicht so gefährlich.
Nach einer Woche ist meist schon alles vorbei.

● Wie kommen Viren in unseren Körper?
Suche die Antwort im Text.

Drei Tiere im Laub

Laub Laub Laub Laub Laub Laub Laub Laub Laub Laub Laub
Laub Maus Laub Laub Laub Laub Laub Laub Laub Laub Laub
Laub Laub Laub Laub Laub Laub Laub Laub Laub Laub Laub
Laub Laub Laub Laub Laub Laub Laub Laub Laub Laub Laub
Laub Laub Laub Laub Laub Laub Laub Laub Laub Igel   Laub
Laub Laub Laub Laub Laub Laub Laub Laub Laus Laub Laub
Laub Laub Laub Laub Laub Laub Laub Laub Laub Laub Laub

Obstsalat aus fünf Früchten

BEN   BIR   NEN
FEL   PFLAU   NÜS   SE
TRAU   MEN   ÄP

Lach dich stachelig!

Ein kleiner Igel hat sich in einer Nacht
in einem Gewächshaus verlaufen.
Jedes Mal, wenn er einen Kaktus berührt,
quiekt er: „Mama, bist du es?"

1. Übung zum Überprüfen der Sinnerwartung
2. Übung zur Segmentierung
3. Übung zum Überprüfen der Sinnerwartung

Lösungen S.196

Natur-Merkspiel

Du brauchst
- Herbstfrüchte (Kastanien, Eicheln, Nüsse, Bucheckern, Hagebutten, Zapfen ...)
- leere Toilettenpapier-Rollen
- Stifte, Kleber

So geht es
- Schneide die Papierrollen in zwei Hälften.
- Klebe jeweils eine Frucht auf eine Hälfte.
- Schreibe den Namen der Frucht auf die andere Hälfte.

Spielregel
Decke immer zwei Hälften auf.
Wenn du die Frucht und den passenden
Namen findest, hast du ein Paar.
Wenn nicht, dann verdecke die Hälften
und merke dir gut, was darunter ist.

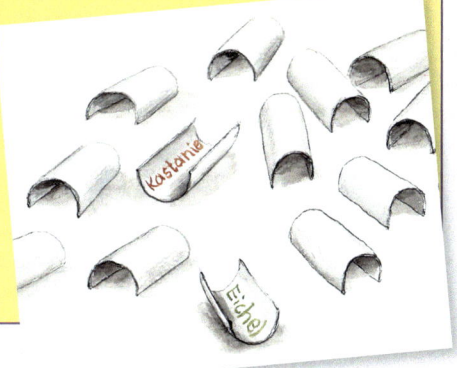

Herbstwörter im Nebel

Kastanien Drachen

   Wind Blätter

Nüsse   Regen

Der Igel

In der Dämmerung raschelt und schnauft es
im Gebüsch am Waldrand.
Ein Igel ist unterwegs.
Sein Schnäuzchen hat er ständig am Boden.

5 Der Igel sucht nach Insekten, Schnecken
und Würmern. Oft gräbt er Mäusenester
aus. Frösche, Kröten und Eidechsen gehören
zu seiner Nahrung. Sogar Schlangen frisst er.
Manchmal fängt er junge Vögel.
10 Er frisst viele Schädlinge und ist
sehr nützlich für uns. Der Igel steht
deshalb unter Naturschutz.

Im Herbst sucht sich der Igel ein Versteck
für den Winterschlaf. So ein Versteck
15 kann in einer Hecke, in Laubhaufen
oder in Steinhaufen sein.

Der Igel rollt sich dann zur Stachelkugel.
In dieser Haltung schläft er
ungefähr fünf Monate.

🔴 Warum steht der Igel unter Naturschutz? Suche das Wort **Naturschutz**.
   Lies die beiden Zeilen darüber.

🔴 Wo hält der Igel Winterschlaf?
   Lies im dritten Abschnitt nach.

Fritz Stachelwald

Bei Nacht und Nebel durch den Park |
marschiert der Polizist Hans Stark. ||

In einem Strauche rührt sich was.
Ein Niesen, Schnaufen. Was ist das?

„Heraus! – Ich schieße! – Wird es bald?"
Zum Vorschein kommt Fritz Stachelwald.

„Ach Igel, du streifst noch herum?
Das darfst du gern. – Entschuldigung!"

Josef Guggenmos

🔴 Bereite dich auf einen Gedichtvortrag vor.
  • Übe schwierige Wörter.
  • Überlege, wie du die grünen Zeilen sprechen möchtest.

🔴 Trage das Gedicht einem Partnerkind vor.
  • Was machst du schon gut?
  • Was kannst du noch verbessern?

Abc-Reime im Herbst

ABC	Der Wind weht übern See.
DEF	Jetzt ist der Wind mal Chef.
GHI	Es windet wie noch nie.
JKL	Die Blätter fallen schnell
MNO	und landen irgendwo.
P und Q	Sie decken alles zu.
RST	Ich freu mich, wenn ich geh.
UVW	Ganz bunt ist es, juchhe.
XYZ	Der Herbst ist auch sehr nett.

ABCDE,

der Hals tut mir so weh.

FGH und I,

darüber bin ich froh.

…

J und K,

doch Papa, der ist da.

…

LMN und O,

so weh tat er noch nie.

ab ins Bett!

…

PQRST,

…

es geht jetzt alles fix.

UVW und X,

…

Y und Z,

mein Papa kocht mir Tee.

…

🔴 Lies einen Abc-Reim mehrmals laut, bis du ihn gut kannst.

🌈 Erfinde eine Melodie zu diesem Reim. Es kann auch ein Abc-Rap werden.

◗ selbst gewählte Texte zum Vorlesen vorbereiten und sinngestaltend vorlesen
◗ handelnd mit Texten umgehen: z.B. illustrieren, inszenieren, umgestalten, collagieren

Herbst-Abc

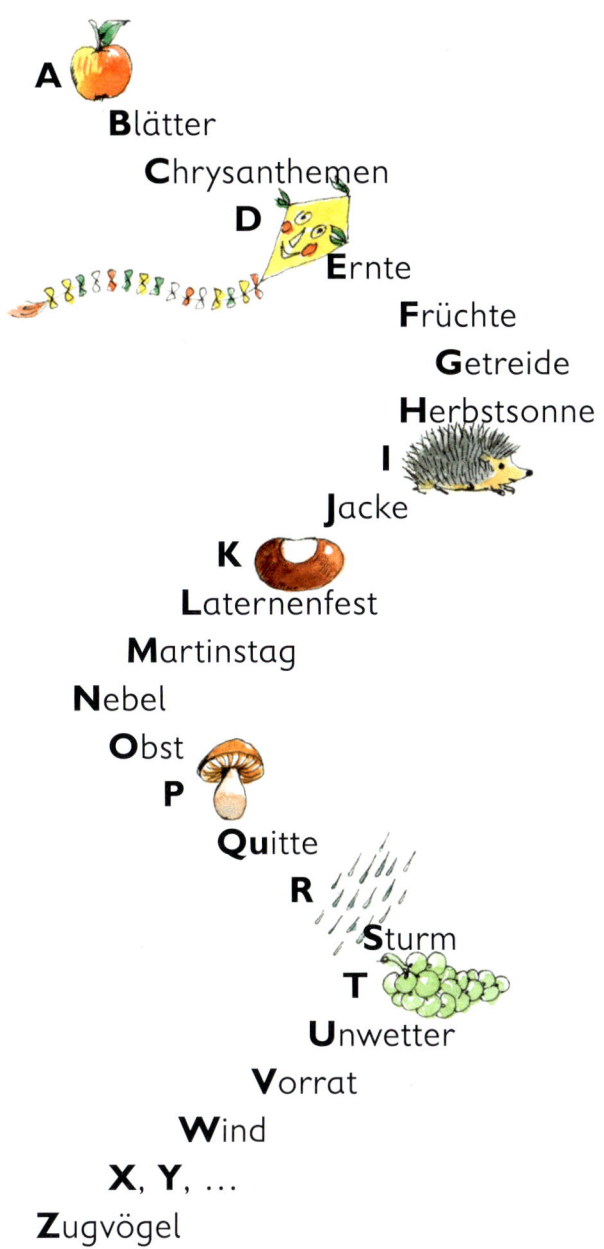

A

Blätter

Chrysanthemen

D

Ernte

Früchte

Getreide

Herbstsonne

I

Jacke

K

Laternenfest

Martinstag

Nebel

Obst

P

Quitte

R

Sturm

T

Unwetter

Vorrat

Wind

X, **Y**, …

Zugvögel

Ergänze das Herbst-Abc
mit einem Partnerkind. Nutzt die Bilder.

Gestalte ein Herbstwort mit Schrift.

Die Legende vom heiligen Martin

Martin lebte vor vielen hundert Jahren als Soldat.
An einem bitterkalten Winterabend
traf er auf einen armen Mann.
Dieser war nur mit Lumpen bekleidet.
Er saß auf dem Boden und fror schrecklich.
Da bekam Martin Mitleid.
Er zog sein Schwert und schnitt damit seinen großen, roten, warmen
Soldatenmantel in zwei Teile. Die eine Hälfte gab er dem zitternden Mann.

Später lebte Martin in einem Kloster.
Die Menschen mochten ihn sehr gern,
denn Martin war immer freundlich und hilfsbereit.
Deshalb fragte man ihn, ob er nicht Bischof werden wolle.
Aber Martin wollte nicht so ein wichtiger Mann werden.
Er versteckte sich vor den Leuten in einem Gänsestall.
Aber weil die Gänse so laut schnatterten,
fanden die Leute Martin im Stall.
So wurde er schließlich doch Bischof.
Und noch heute spricht man
von Martinsgänsen und denkt an Martin.

Am 11. November, seinem Namenstag,
ziehen Kinder und Erwachsene
mit Laternen umher und singen Martinslieder.

🔴 Was siehst du auf dem oberen Bild? Welche Stelle im Text passt genau dazu?

🔴 Wähle ein markiertes Wort aus. Was bedeutet es? Erkläre.

○ Texte genau lesen
○ bei Verständnisschwierigkeiten Verstehenshilfen anwenden: nachfragen, Wörter nachschlagen, Text zerlegen

Ich geh mit meiner Laterne

Ich geh mit mei – ner La – ter – ne und mei – ne La – ter – ne mit

mir. Dort o – ben leuch –ten die Ster – ne und un – ten leuch –ten wir.

Mein Licht ist aus, ich geh nach Haus, ra – bim –mel, ra –bam –mel, ra – bum.

🔴 An welchem Tag im November ziehen Kinder mit Laternen umher und singen Martinslieder? Suche die Antwort auf Seite 40.

Partnerlesen

Spaziergang im Nebel

Schau, da vorne stehen Riesen.
Aber nein, das sind Bäume auf Wiesen.

Über die Wiese schleicht eine Fee.
Guck genau, da huscht nur ein Reh.

Und daneben, ein Mann mit dickem Bauch!
Nein, schau, das ist doch ein Strauch.

Hinter dem Strauch, ein Gespenst, oh Graus!
Sieh mal hin, das ist nur ein Haus.

Und dahinter sind Pferde auf Koppeln.
Nein, nein, nein! Das sind Hasen, die hoppeln.

Bei all dem Nebel kann ich nichts sehen.
Wie schön, im Nebel spazieren zu gehen!

Irene Hoppe

🔴 Suche dir ein Kind zum **Partnerlesen**.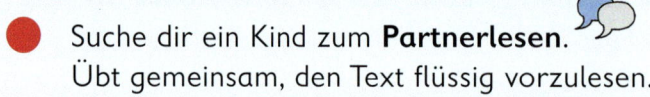
Übt gemeinsam, den Text flüssig vorzulesen.

🔴 Suche die Strophe im Gedicht, die sich reimt.

◐ altersgemäße Texte sinnverstehend lesen – **Basis**
◐ Erzähltexte, lyrische und szenische Texte kennen und unterscheiden

Sicher unterwegs im Herbst

Gut, dass du bei diesem nebligen Wetter
sicher zur Schule gekommen bist.
Stimmt, der Nebel war so stark!
Die Autos habe ich immer erst gesehen,
als sie schon ganz in meiner Nähe waren.
Das Gefährliche ist,
dass die Autofahrer
Fußgänger wie dich
dann auch erst
sehr spät erkennen.
Ja, aber was kann ich
denn dagegen machen?
Du solltest helle Kleidung tragen.
Deine dunkelblaue Jacke kann man bei
diesem Wetter nur ganz schlecht sehen.
Oh, das wusste ich nicht.
Am besten, du ziehst eine Warnweste
über deine Jacke. Durch die Neonfarbe
und die leuchtenden Streifen können
Autofahrer dich rechtzeitig erkennen
und richtig reagieren.
Danke für die Tipps!

● Suche dir ein Kind zum **Partnerlesen**.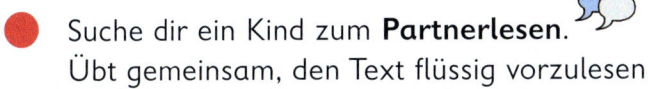
   Übt gemeinsam, den Text flüssig vorzulesen.

● Warum sollte man bei Nebel eine Warnweste tragen?
   Suche die Antwort im Text.

Herbstblätter-Gedichte

Im Oktober

Der Ahorn hat ein Blatt verloren,
es flog von weitem auf mich zu.
Ich fing's. Das goldrote, gezackte,
und sagte zu ihm: Schön bist du!

Josef Guggenmos

lätterfall

Langsam fällt jetzt Blatt für Blatt
von den bunten Bäumen ab.
Jeder Weg ist dicht besät,
und es raschelt, wenn ihr geht.

Erna Fritzke

★ Sammelt schöne Herbstblätter. Legt daraus gemeinsam eine Blätterschlange.
Oder: Schreibt eines der Gedichte ab.
Gestaltet das Gedicht mithilfe der Herbstblätter.

◗ handelnd mit Texten umgehen: z.B. illustrieren, inszenieren, umgestalten, collagieren

Miteinander leben

Die Sonntagmorgenmeise

Die Meise hat aufs Dach gepickt.
So?
Die Meise hat mich wachgepickt.
Und dann?
Dann habe ich mich wachgeblickt.
Und nun?
Nun bin ich hier.
Was wirst du tun?
Darf ich ins Bett zu dir?

Reiner Kunze

Schwerpunkt-Bildungsstandards in diesem Kapitel:
● Aussagen mit Textstellen belegen; ● bei der Beschäftigung mit literarischen Texten Sensibilität und Verständnis für Gedanken und Gefühle und zwischenmenschliche Beziehungen zeigen

45

So kannst du Aussagen zu einem Text prüfen

Schritt 1: den ganzen Text lesen

Lies zuerst den ganzen Text.

Schritt 2: die Aussage zum Text lesen

Lies die ⬚Aussage zum Text.

Das ist eine Aussage:

Rabauke
ist ein Gemüse.

Schritt 3: die passende Stelle suchen

Suche die passende Stelle. Du kannst

- die Bilder zum Text nutzen.
- die Nummern vor den Zeilen nutzen.
- Abschnitte nutzen.
- **fett** gedruckte Wörter nutzen.

gar nicht ge

10 Aber dann hat

dass „Rabauke"

so etwas wie „Fr

oder „Strolch"

dass süße Mä

Schritt 4: vergleichen und entscheiden

Vergleiche. Entscheide, ob die Aussage stimmt.

Von wegen süß!

Papa ist der einzige Mensch,
der „Rabauke" zu Marlene sagt.
Früher hat sie gedacht, dass
„Rabauke" ein Gemüse ist.
5 So eine Mischung aus Roter Bete
und Gurke. Und weil Marlene
Gemüse nicht besonders leiden
kann, hat ihr der Name erst mal
gar nicht gefallen.
10 Aber dann hat ihr Papa erklärt,
dass „Rabauke" in Wirklichkeit
so etwas wie „Frechdachs"
oder „Strolch" bedeutet und
dass süße Mäuschen auf keinen
15 Fall so heißen können.

Seither ist Marlene mit diesem
Namen einverstanden. Er passt
eigentlich genau zu einer
indianischen Räuberhauptfrau
20 wie Marlene.
Mama hat gesagt, es gibt
gar keine indianischen
Räuberhauptfrauen.
Papa hat gesagt, dass Mama
25 altmodisch ist und dass
heutzutage auch Frauen
Anführer von Räuberbanden
werden können. Sogar
indianische Frauen. Hugh!*

Bettina Obrecht   *sprich: Haau!

Rabauke!

● ⬜Mama ist der einzige Mensch, der „Rabauke" zu Marlene sagt.⬜ Stimmt das?
Lies in den Zeilen 1 und 2 nach. Nutze auch das Bild.

● ⬜„Rabauke" ist ein Gemüse.⬜ Stimmt das?
Lies im roten Abschnitt nach.

Die Kinder aus der Krachmacherstraße

Mein Bruder, der heißt Jonas,
und ich, ich heiße Mia-Maria,
und unsere kleine Schwester,
die heißt Lotta. Sie ist erst etwas
5 über drei Jahre, die Lotta. Papa
sagt, als noch keine Kinder im
Haus waren, da war es ganz
ruhig. Aber später war immer
solch ein Krach. Mein Bruder
10 wurde vor mir geboren. Und
Papa sagt, der Krach im Haus
habe beinahe gleich angefangen,
als Jonas so groß war, dass er
mit der Klapper gegen den
15 Bettrand hauen konnte,
sonntagmorgens, wenn Papa
schlafen wollte. Und dann hat
Jonas mehr und mehr Krach
gemacht.

20 Dann kam ich und dann kam
Lotta.
Wir wohnen in einem gelben
Haus in einer kleinen Straße,
die heißt Krugmacherstraße.
25 „Möglich, dass in alter Zeit
Krugmacher in dieser Straße
gewohnt haben, aber heutzutage
wohnen hier nur Krachmacher“,
sagt Papa.
30 „Ich denke, wir taufen die
Straße um und nennen sie die
Krachmacherstraße“, sagt er.
Lotta ist böse, weil sie nicht so
groß ist wie Jonas und ich. Jonas
35 und ich dürfen ganz allein bis
zum Marktplatz gehen, aber
Lotta darf das nicht. Jonas und
ich gehen samstags auf den
Markt und kaufen Bonbons
40 bei den Marktfrauen, die dort
stehen. Aber wir bringen Lotta
auch Bonbons mit; das müssen
wir nämlich. Einmal an einem
Samstag regnete es so furchtbar,
45 dass wir fast nicht auf den
Markt gehen konnten.

Aber wir nahmen Papas großen
Regenschirm und gingen
trotzdem und wir kauften uns
50 rote Bonbons. Als wir nach
Hause gingen, da gingen wir
unterm Regenschirm und aßen
Bonbons, und das machte Spaß.
Aber Lotta konnte nicht einmal
55 auf den Hof rausgehen, nur weil
es so furchtbar regnete.

„Wozu muss es regnen?",
fragte Lotta.
„Damit Korn und Kartoffeln
60 wachsen können und wir was zu
essen bekommen", sagte Mama.
„Wozu muss es denn auf dem
Markt regnen?", fragte Jonas.
„Ist es wegen der Bonbons,
65 damit die wachsen können?"
Da hat Mama nur gelacht.
Als wir abends im Bett waren,
sagte Jonas zu mir:
„Du, Mia-Maria, wenn wir
70 zu Großvater und Großmutter
fahren, dann wollen wir nicht
Mohrrüben auf unser
Gartenbeet säen, sondern
Bonbons, das ist viel besser."

Astrid Lindgren

● Die Straße, in der die Familie wohnt, heißt Krugmacherstraße. Stimmt das?
Lies in Zeile 24 nach.

● Es muss regnen, damit Bonbons wachsen können. Stimmt das?
Lies im roten Abschnitt nach.

● Wie heißt deine Straße?
Gib ihr einen neuen Namen. Gestalte ein Straßenschild.

● Aussagen mit Textstellen belegen
● handelnd mit Texten umgehen: z.B. illustrieren, inszenieren, umgestalten, collagieren

AH S.18

49

Manches ist bei Paule anders

Bei anderen Kindern ist alles ganz einfach. Sie wachsen bei
einer Frau im Bauch, und dann werden sie geboren, und die Frau
nimmt sie mit nach Hause, und die ist dann auch ihre Mutter.
Und wenn sie Glück haben, sind da meistens noch ein Vater und
5 vielleicht auch Geschwister und ganz vielleicht sogar ein Hund.

Bei Paule ist das alles anders. Natürlich hat Paule
Mama und Papa. Aber das ist es eben.
Die sind auch nicht so wie bei anderen Kindern.
Sie haben Paule aus einem Heim geholt,
10 als er ganz winzig war, nicht aus Mamas Bauch.

„Du warst ein Glücksgriff", sagt Papa, wenn er mit Paule Fußball
spielt und eine Pause machen muss, weil er nicht mehr kann.
„Stell dir vor, sie hätten uns einen Jungen gegeben, der nicht Fußball
spielen mag!" – „Oder ein Mädchen", sagt Paule. Aber Papa mag
15 Mädchen und sagt, es gibt auch welche, die Fußball spielen. „Ein
Mädchen holen wir uns auch noch mal irgendwann", sagt Papa.
„Aber erst einmal einen Fußballer, darauf musste ich bestehen."

Kirsten Boie

Wie fühlt sich Paule in seiner Familie? Was könnte ihn freuen?
Was könnte ihn traurig machen?

Papa sagt zu Paule: „Du warst ein Glücksgriff." Was meint er damit?
Tausche dich mit einem Partnerkind aus.

● bei der Beschäftigung mit literarischen Texten Sensibilität und Verständnis für Gedanken und Gefühle
und zwischenmenschliche Beziehungen zeigen
● eigene Gedanken zu Texten entwickeln, zu Texten Stellung nehmen und mit anderen über Texte sprechen

Alles Familie!

Familien sind ganz verschieden. In den
meisten Familien gibt es ein Kind,
zwei oder vielleicht drei Kinder.
So wie bei Ben.

5 Man nennt sie **Kleinfamilien**.
Großfamilien mit sechs oder
mehr Kindern sind eher selten.

Nicht alle Familien leben so wie Bens Familie. Es gibt zum Beispiel
Familien, da wohnen die Kinder nur bei einer Mama oder einem Papa.

10 Wenn dann die Mama oder der Papa eine neue Freundin oder
einen neuen Freund hat, kommen manchmal Geschwister dazu.
Man bekommt Stief- oder Halbgeschwister. Die Familien nennt man

Patchwork-Familien

(sprich: Pätschwörk).

15 Wie Patchwork-Decken
bestehen Patchwork-Familien
auch aus verschiedenen Teilen.

Kinder, die im Heim leben, kommen manchmal
zu einer **Pflegefamilie** oder werden adoptiert*.

nach Alexandra Maxeiner   * als eigenes Kind angenommen

🔴   Ben lebt in einer Kleinfamilie. Stimmt das?
       Schau dir das Bild an.

🔴   Im Text findest du fünf verschiedene Namen für Familien. Stimmt das?

🌈   Male ein Bild von deiner Familie. Erzähle dazu.

○ Aussagen mit Textstellen belegen
○ handelnd mit Texten umgehen: z.B. illustrieren, inszenieren, umgestalten, collagieren

51

Oma gibt Gas

*Rocco Randale ging
mit seiner Oma und seiner Tante
über den Rummelplatz.*

„Seht mal, Autoskooter!",
5 rief Oma
und zeigte nach vorne.
„Ich sitz am Steuer!"
Oma kaufte bei der Dame im
Kassenhäuschen drei Fahrchips.
10 „Darf ich alleine fahren?",
bettelte Rocco.
„Quatsch", blaffte Oma.
„Alleine macht es doch gar
keinen Spaß." Sie zog ihn zu
15 einem knallroten Auto, und alle
drei quetschten sich hinein.
Rocco sah, wie Leute auf sie
zeigten und über sie lachten.
Er rutschte tiefer in seinen Sitz,
20 um sich zu verstecken.
Die Musik ging los, und Oma
stieß den Fuß aufs Gaspedal.
Das Auto machte einen Satz
nach vorne.

* mit hoher Geschwindigkeit

25 BUMM! Sie krachten mit
Karacho* gegen das gelbe Auto
vor ihnen.
RUMMS! Sie schwenkten scharf
nach links und rammten ein
30 silbernes Auto.
„Ha, ha! Erwischt!", schrie Oma.
„Du fährst auf der falschen
Seite!", schrie Rocco und zeigte
auf die Autos, die wie ein
35 Schwarm Bienen direkt auf sie
zurasten.
„Unsinn!", sagte Oma. „Die sind
auf der falschen Seite."

BUMM! KRACH! SCHEPPER!

40 Ein Dutzend Autos verkeilte sich
ineinander und kam holpernd
zum Stehen.

Alan MacDonald

Wie fühlt sich Rocco im Autoskooter? Schreibe seine Gedanken auf.

Rocco, seine Tante und seine Oma *rammen* ein silbernes Auto.
Was bedeutet das?

○ bei der Beschäftigung mit literarischen Texten Sensibilität und Verständnis für Gedanken und Gefühle
und zwischenmenschliche Beziehungen zeigen
○ bei Verständnisschwierigkeiten Verstehenshilfen anwenden: nachfragen, Wörter nachschlagen, Text zerlegen

Der Lehnstuhl

Großvater ist **gestorben.**
Vor Jahren schon.
Sein **Lehnstuhl** steht
auf dem **Dachboden**,
mitten unter anderem
Gerümpel.
In diesem Stuhl **saß er**
immer und rauchte
seine Pfeife.
Manchmal lag die **Katze**
auf seinem Schoß und
schlief.
Es war sehr **gemütlich**
bei Großvater.
Inzwischen ist auch
die **Katze alt** geworden.
In letzter Zeit geht sie
immer auf den Dachboden
und **schläft** lange in **Großvaters Lehnstuhl**.

Erwin Moser

● Erzähle einem Partnerkind die Geschichte mit eigenen Worten.
Nutze die fett gedruckten Wörter.

Wie muss es richtig heißen?

Klaras Schwester spielt mit ihrer Pappe.

Florian liest auf seinem Bett in einem Bach.

Papa pflückt Blusen im Garten.

Oma mäht mit einem Rosenmäher den Rasen.

Echt witzig!

„Wir werden unser Kind nach seinem Großvater benennen."
„Bist du verrückt? Das Kind kann doch nicht Opa heißen!"

„Mein kleiner Bruder ist wahnsinnig intelligent! Jetzt kann er sogar schon seinen Namen rückwärts sagen!"
„Und wie heißt er?"
„Otto."

DER BAUKLOTZ

HANNES, DARF ICH AUCH EINEN BAUKLOTZ HABEN?

PSST! STÖR MICH NICHT! GLEICH!

HANNES, DARF ICH JETZT EINEN BAUKLOTZ HABEN?!

PSSST!! GLEICH!!

SO, FERTIG! NIMM DIR EINEN! WELCHEN WILLST DU?

DEN HIER!

Uta Bettzieche nach Paul Maar

Wer ist der schnellste Zungenbrechersprecher?

Mutige Mamas machen Mützen mit Muster.

Kleine Kinder können keine Krokodile kitzeln.

Wie viele Familienmitglieder zählst du?   8 9 10

BRU   COU   VA   MUT   SCHWES   ON   TAN   NICH

KEL   TE   TE   TER   TER   TER   SIN   DER

Alles Familie! Welches Familienmitglied bleibt übrig?

sister — Großvater
father — Bruder
grandmother — Mutter
mother — Onkel
grandfather — Großmutter
brother — Schwester
Vater

Knobelei

Micha hat heute Geburtstag.
Michas kleine Schwester Marie ist fünf Jahre alt.
Michas großer Bruder ist doppelt so alt wie Marie.
Micha ist zwei Jahre jünger als sein Bruder.
Wie alt ist Micha?

Alltagsmutter – Sonntagsvater

Manchmal trennen sich Eltern.
Im Normalfall wohnen die Kinder
dann bei einem Elternteil und
besuchen den anderen Elternteil
5 *regelmäßig. Auch wenn Eltern*
geschieden sind, bleiben
sie immer Mutter und Vater
für ihr Kind.

Die Küche ist kleiner als die
10 Küche zu Hause. Sie ist auch
nicht so vollgekramt. Moritz sitzt
am Tisch und schaut sich um:
lauter Sachen, die er nicht kennt.
Fremder Toaster.
15 Fremde Teekanne.
Fremdes Frühstücksgeschirr.
Alles ist fremd in dieser
Wohnung, nur der Vater
ist Moritz vertraut.

20 „Ich wecke Tina, und nachher
frühstücken wir gemütlich!",
sagt der Vater. Tina ist die
Schwester von Moritz.

Die Kinder sind zu Besuch bei
25 ihrem Vater. Vor vier Wochen
ist er in die neue Wohnung
ein- und zu Hause ausgezogen.

Nachdenklich schaut sich Moritz
um. Ob sich der Vater hier –
30 ganz allein, ohne die Familie –
wohlfühlt? Moritz kann sich
das nicht vorstellen. Schon eher
kann er sich vorstellen, dass der
Vater traurig ist. Dass er Tina
35 und ihn vermisst. Und auch
die Mutter vermisst?

Hier ist kein Mensch, wenn er
heimkommt. Keiner, der sagt:
„Spielst du mit uns? Sagst du uns
40 noch gute Nacht?"

Wir sind ja nur am Wochenende
hier oder mal in den Ferien.
Moritz denkt: Ob er uns so
vermisst, wie wir ihn vermissen?

Cornelia Nitsch

⬤ Papa ist vor acht Wochen ausgezogen.
Stimmt das? Lies im roten Abschnitt nach.

🌈 Warum vermisst Moritz wohl seinen Vater? Schreibe die Gedanken von Moritz auf.

Aussagen mit Textstellen belegen
bei der Beschäftigung mit literarischen Texten Sensibilität und Verständnis
für Gedanken und Gefühle und zwischenmenschliche Beziehungen zeigen   **AH** S.19

Nach einem Streit

Weißt du, wie das ist,
traurig zu sein,
sich ganz allein
zu fühlen?
Du gibst mir
nicht mal einen Kuss,
sagst: „Schluss,
es ist Zeit, schlafen zu gehn!"
Ich liege da
mit all meiner Wut.
Mir geht es nicht gut!

Regina Schwarz

🌈 Warum geht es dem Kind nicht gut?
Schreibe oder male in eine Denkblase.

🔴 Trage das Gedicht einmal wütend und einmal traurig vor.

◐ bei der Beschäftigung mit literarischen Texten Sensibilität und Verständnis für
Gedanken und Gefühle und zwischenmenschliche Beziehungen zeigen
◐ selbst gewählte Texte zum Vorlesen vorbereiten und sinngestaltend vorlesen

Willi und seine Schwester

Bei Willis Geburt merken die Eltern,
dass Willi anders ist.
Willi kann gut mit den Händen
sprechen, das nennt man
5 *Gebärdensprache. Dafür spricht er*
wenig mit dem Mund.

Willi hat eine kleine Schwester.
Sie heißt Olivia.
Olivia kann ganz toll mit dem
10 Mund sprechen und Willis
Gebärdensprache mit den Händen.
Sie hilft den Erwachsenen, Willis Zeichen zu verstehen.
Wenn ihr Papa mal vergessen hat,
wie eine Gebärde geht, braucht er nur sie zu fragen.
15 Olivia hat viel von Willi gelernt, zum Beispiel
wie man einen richtig tollen Trotzanfall hinlegt
oder wie man auf dem Spielplatz von anderen Müttern
jede Menge Kuchen und Kekse bekommt.
Olivia lernt auch von Willi, dass es am schönsten ist,
20 wenn man sich nach einem Streit immer schnell
wieder verträgt.
Wenn Willi nach Hause kommt,
ruft Olivia immer laut:
„Willi, mein Willi!"

Birte Müller

● Suche drei Stellen, in denen du etwas über Willi erfährst.

● Was denkt Olivia wohl über ihren Bruder?
Schreibe es in eine Denkblase.

○ gezielt einzelne Informationen suchen
○ bei der Beschäftigung mit literarischen Texten Sensibilität und Verständnis für
Gedanken und Gefühle und zwischenmenschliche Beziehungen zeigen   **AH** S.17

Mit den Händen sprechen

Bei der **Gebärdensprache** spricht man vor allem
mit den Armen und den Händen.
Aber auch der Ausdruck des Gesichts ist wichtig.
Benutzt wird die Sprache hauptsächlich von Gehörlosen
oder von Menschen, die nicht oder nur wenig sprechen können.
Natürlich brauchen auch alle,
die sich mit ihnen unterhalten wollen, diese Sprache.

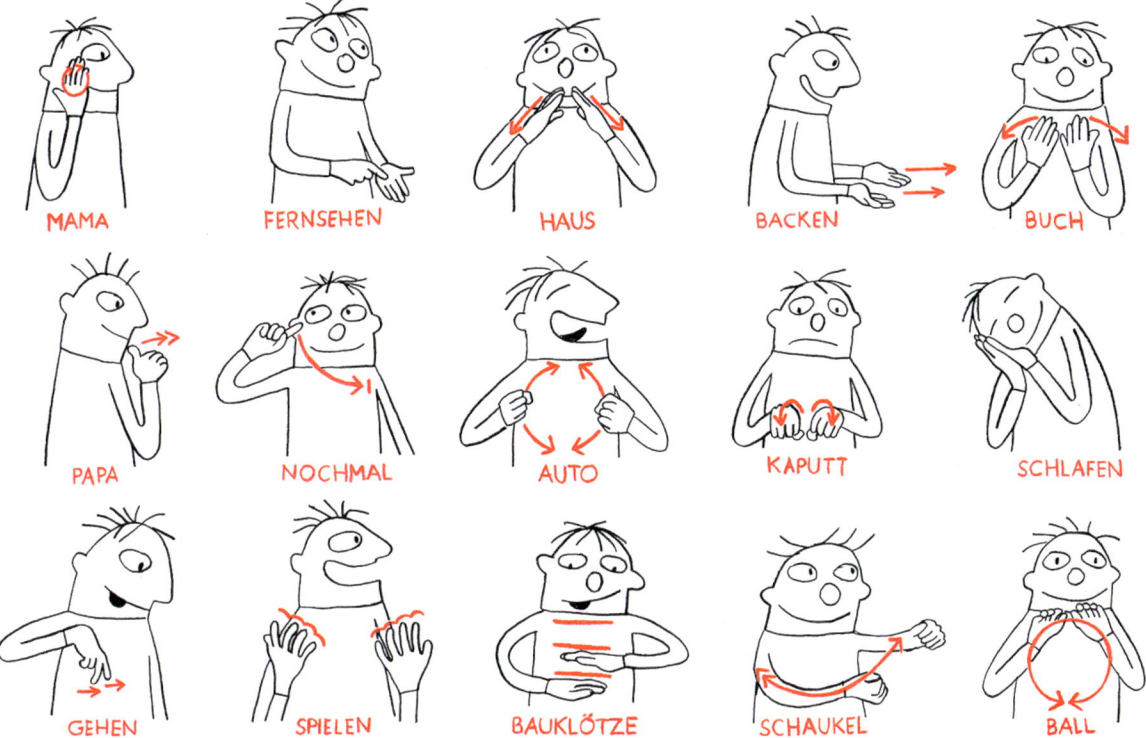

● Zeige die Sätze mithilfe der Gebärden:
Mama schläft. Die Schaukel ist kaputt.

● Denke dir einen Satz mit den Gebärden aus.
Zeige den Satz einem Partnerkind.

🌈 Denke dir selbst eine Gebärde aus.

○ gezielt einzelne Informationen suchen
○ handelnd mit Texten umgehen: z.B. illustrieren, inszenieren, umgestalten, collagieren

59

Das Maglied

Ich mag dich kreuz und quer

Ich mag dich hin und her

Ich mag dich immer mehr

Ich mag dich sauber

₅ Ich mag dich dreckig

Ich mag dich rund

Ich mag dich eckig

Ich mag dich wie du bist

Ich mag was in dir steckt

₁₀ Du bist perfekt

Ich mag dich haargenau

Ich mag dich gelb und grau

Ich mag dich grün und blau

Ich mag dich pink

₁₅ Ich mag dich ponk

Ich mag dich blubbs

Ich mag dich schwubbs

Ich mag dich bunt, kariert

gestreift, liniert, gescheckt

₂₀ Du bist perfekt

Andreas Remenyi

● Suche dir ein Kind zum **Partnerlesen**.
Übt gemeinsam, den Text flüssig vorzulesen.

● Lies den Text als Rap vor.

◐ altersgemäße Texte sinnverstehend lesen – **Basis**
◐ selbst gewählte Texte zum Vorlesen vorbereiten und sinngestaltend vorlesen

Streiten? Lernen? Oder was?

Gib mir sofort das Heft zurück!

Warum sollte ich?

Weil ich für morgen noch was lernen muss.
Und weil es meins ist.

Ist es nicht!

Ist es doch!

Lügner! Ich hab mitgezahlt.
Einen Euro hab ich draufgelegt.

Es hat aber fünf gekostet.
Da kriegst du nur ein paar Seiten dafür.

Dann gib mir meinen Teil!

Na bravo, jetzt hast du das Heft zerrissen!

Selber schuld! Hättest du es nicht so festgehalten.

Weißt du, was du bist?
Ein … gemeiner Knochenhecht bist du!

Und du bist ein Segelflossen-Doktorfisch!

Und du ein gestreifter Felsenhüpfer!

Und du ein Schwarzpunkt-Kugelfisch!

Gerda Anger-Schmidt

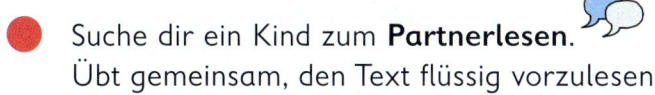
● Suche dir ein Kind zum **Partnerlesen**.
Übt gemeinsam, den Text flüssig vorzulesen.

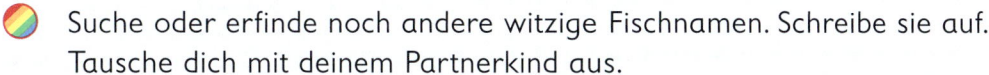
● Suche oder erfinde noch andere witzige Fischnamen. Schreibe sie auf.
Tausche dich mit deinem Partnerkind aus.

○ altersgemäße Texte sinnverstehend lesen – **Erweiterung**
○ handelnd mit Texten umgehen: z.B. illustrieren, inszenieren, umgestalten, collagieren

61

Das mag ich an meiner Familie

Deckst du mich abends zu,
denk ich, wie schön es ist,
dass gerade du
meine Mutter bist.

Angela Sommer-Bodenburg

Ich mag, wenn meine Mama mich abends zudeckt.

Ich finde es schön, wenn Papa mit mir Pfannkuchen backt.

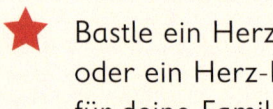 Bastle ein Herz
oder ein Herz-Leporello
für deine Familie.

★ Schreibe oder male,
was dir an deiner Familie
gefällt.

Märchenzeit

Hänsel und Gretel verliefen sich im Wald.
Dort war es finster und auch so bitterkalt.
Sie kamen an ein Häuschen
mit Pfefferkuchen fein:
Wer mag der Herr wohl
von diesem Häuschen sein?

Schwerpunkt-Bildungsstandards in diesem Kapitel:
 lebendige Vorstellungen beim Lesen und Hören literarischer Texte entwickeln
 Kinderliteratur kennen: Werke, Autoren und Autorinnen, Figuren, Handlungen **AH** S. 20 63

So kannst du dir gut vorstellen, was du liest

Tipp 1: Bilder nutzen

Was siehst du auf dem Bild?

Suche danach im Text.

Verbinde das Bild und die passende Textstelle

mit einem Papierstreifen.

Es waren einmal ein armes Mädchen und seine Mutter.
Die beiden hatten nichts mehr zu essen.
Im Wald traf das Mädchen eine alte Frau.
Sie schenkte dem Mädchen ein Töpfchen
5 und sprach: „Wenn du sagst: *Töpfchen, koche,*
dann kocht das Töpfchen süßen Brei.

Tipp 2: Sprech- und Denkblasen schreiben

Schneide eine Sprechblase oder eine Denkblase aus.

Suche eine Stelle im Text, wo Personen oder Tiere

etwas sagen oder denken könnten. Schreibe es auf.

Lege die Blase an die Textstelle.

Die Mutter hatte aber den zweiten Spruch vergessen.
Und so kochte das Töpfchen immer weiter.

Wie war nur
der Spruch?
Töpfchen, halte an?
Nein. Töpfchen,
du bist voll?
Was mache
ich nur …

Tipp 3: Ort oder Gegenstände malen

Suche im Text einen Ort

oder einen Gegenstand.

Was erfährst du im Text darüber?

Male den Ort oder den Gegenstand.

Der süße Brei

Es waren einmal ein armes Mädchen und seine Mutter.
Die beiden hatten nichts mehr zu essen.
Im Wald traf das Mädchen eine alte Frau.
Sie schenkte dem Mädchen ein Töpfchen
5 und sprach: „Wenn du sagst: *Töpfchen, koche*,
dann kocht das Töpfchen süßen Brei.
Wenn du sagst: *Töpfchen, steh*,
dann hört das Töpfchen wieder auf zu kochen.“

Das Mädchen ging mit dem Töpfchen nach Hause.
10 Von nun an konnten die Mutter und das Mädchen immer Brei kochen.
Einmal ging das Mädchen aus. Da sprach die Mutter: „*Töpfchen, koche.*“
Da kochte das Töpfchen süßen Brei und die Mutter aß sich satt.

Die Mutter hatte aber den zweiten Spruch vergessen.
Und so kochte das Töpfchen immer weiter.
15 Und der Brei stieg über den Rand des Töpfchens
in die Küche, dann ins Haus und ins nächste Haus.
Dann lief der Brei in die Straße und in die ganze Stadt.

Endlich kam das Mädchen nach Hause. Es sprach: „*Töpfchen, steh.*“
Da hörte das Töpfchen auf zu kochen.
20 Wer aber in die Stadt hineinwollte, der musste sich durchessen.

Brüder Grimm

🔴 Was siehst du auf den Bildern? Finde die passenden Textstellen.
    Verbinde mit Papierstreifen.

🌈 Kennst du noch andere Märchen der Brüder Grimm?

◖ lebendige Vorstellungen beim Lesen und Hören literarischer Texte entwickeln
◖ Kinderliteratur kennen: Werke, Autoren und Autorinnen, Figuren, Handlungen

65

Prinzessin auf der Erbse

Es war einmal ein Prinz,

der wollte eine Prinzessin heiraten.

Viele Prinzessinnen hatte er getroffen, aber nie war er

sich sicher, ob es denn eine echte Prinzessin war.

5 So war er traurig wieder in sein großes Schloss

zurückgekehrt, als ein furchtbares Gewitter aufzog.

Plötzlich hörte er lautes Gelächter.

Die Diener führten ein Mädchen in den Saal,

das war klatschnass und hässlich.

10 Dieses Mädchen weinte und erklärte allen,

dass es doch eine echte Prinzessin wäre.

Das werden wir gleich wissen,

dachte die alte Königin und ging ins Schlafzimmer.

Dort legte sie eine Erbse auf den Boden

15 der Bettstelle. Darauf türmte sie zwanzig Matratzen

und darüber noch zwanzig Daunenbetten.

Darauf musste die Prinzessin die ganze Nacht liegen.

Am Morgen wurde sie gefragt, wie sie geschlafen habe.

„Oh, schrecklich schlecht!", antwortete sie.

20 „Ich habe kein Auge zubekommen.

Etwas Hartes quälte mich, dass ich ganz grün und blau am Körper bin."

Da war sich die Königin sicher:

So empfindlich konnte nur eine echte Prinzessin sein.

Der Prinz heiratete sie und schmückte sie gar wunderschön.

25 Die Erbse jedoch kann jedermann im Museum bewundern.

nach Hans Christian Andersen

● Betrachte das Bild. Finde die passende Textstelle.
Verbinde Bild und Textstelle mit einem Papierstreifen.

◐ Lies die Zeilen 14 bis 16. Wie wird das Bett beschrieben?
Male oder gestalte es mit Stoffen oder Geschenkpapier.

○ lebendige Vorstellungen beim Lesen und Hören literarischer Texte entwickeln

○ handelnd mit Texten umgehen: z.B. illustrieren, inszenieren, umgestalten, collagieren

Märchen-Lesekiste: Prinzessin auf der Erbse

1. Suche dir einen Schuhkarton.
   Bemale und beklebe ihn so,
   dass er gut zum Märchen passt.

2. Schreibe auf ein Blatt,
   - wie das Märchen heißt,
   - wer es aufgeschrieben hat,
   - wie dir das Märchen gefällt.
   Klebe das Blatt in den
   Innendeckel deines Kartons.

3. Lies das Märchen noch einmal
   genau. Notiere auf einer Liste
   Gegenstände, die im Märchen
   wichtig sind (Krone, Erbse …).

4. Suche die Gegenstände.
   Lege sie in deine Märchenkiste.
   Du kannst auch basteln
   oder malen.

5. Schreibe zu jedem Gegenstand
   einen passenden Satz auf
   ein Aufstell-Kärtchen.

6. Stelle mithilfe der Märchen-
   Lesekiste das Märchen vor
   und erzähle es.

Die große Rübe

Der Großvater hat ein Rübchen gesteckt
und gesagt:
„Wachse, mein Rübchen, wachse, werde süß!
Wachse, mein Rübchen, wachse, werde fest!"

5 Das Rübchen wuchs und wurde süß und fest
und groß – riesengroß.
Der Großvater geht, die Rübe zu ziehen.
Er zieht und zieht –
er kann sie nicht herausziehen.

10 Der Großvater ruft die Großmutter.
Großmutter fasst den Großvater,
Großvater fasst die Rübe.
Sie ziehen und ziehen –
sie können sie nicht herausziehen.

15 Die Großmutter ruft das Enkelchen.
Das Enkelchen fasst die Großmutter,
Großmutter fasst den Großvater,
Großvater fasst die Rübe.
Sie ziehen und ziehen –
20 sie können sie nicht herausziehen.

Das Enkelchen ruft das Hündchen.
Das Hündchen fasst das Enkelchen,
das Enkelchen fasst die Großmutter,
die Großmutter fasst den Großvater,
25 der Großvater fasst die Rübe.
Sie ziehen und ziehen –
sie können sie nicht herausziehen.

Das Hündchen ruft das Kätzchen.
Das Kätzchen fasst das Hündchen,
30 das Hündchen fasst das Enkelchen,
das Enkelchen fasst die Großmutter,
die Großmutter fasst den Großvater,
der Großvater fasst die Rübe.
Sie ziehen und ziehen –
35 sie können sie nicht herausziehen.

Das Kätzchen ruft das Mäuschen.
Das Mäuschen fasst das Kätzchen,
das Kätzchen fasst das Hündchen,
das Hündchen fasst das Enkelchen,
40 das Enkelchen fasst die Großmutter,
die Großmutter fasst den Großvater,
der Großvater fasst die Rübe.
Sie ziehen und ziehen –
und heraus ist die Rübe.

Russisches Volksmärchen

Lies die farbigen Zeilen.
Was rufen wohl die Personen und die Tiere?
Schreibe es in eine Sprechblase.

Welchen Textabschnitt möchtest du spielen?
Suche dir Partnerkinder.

Kennst du dieses Märchen?

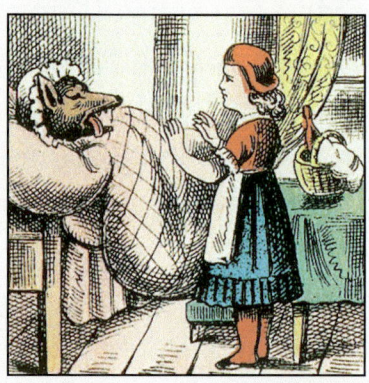

Was gehört nicht in das Märchen von Dornröschen?

Was gehört zusammen?

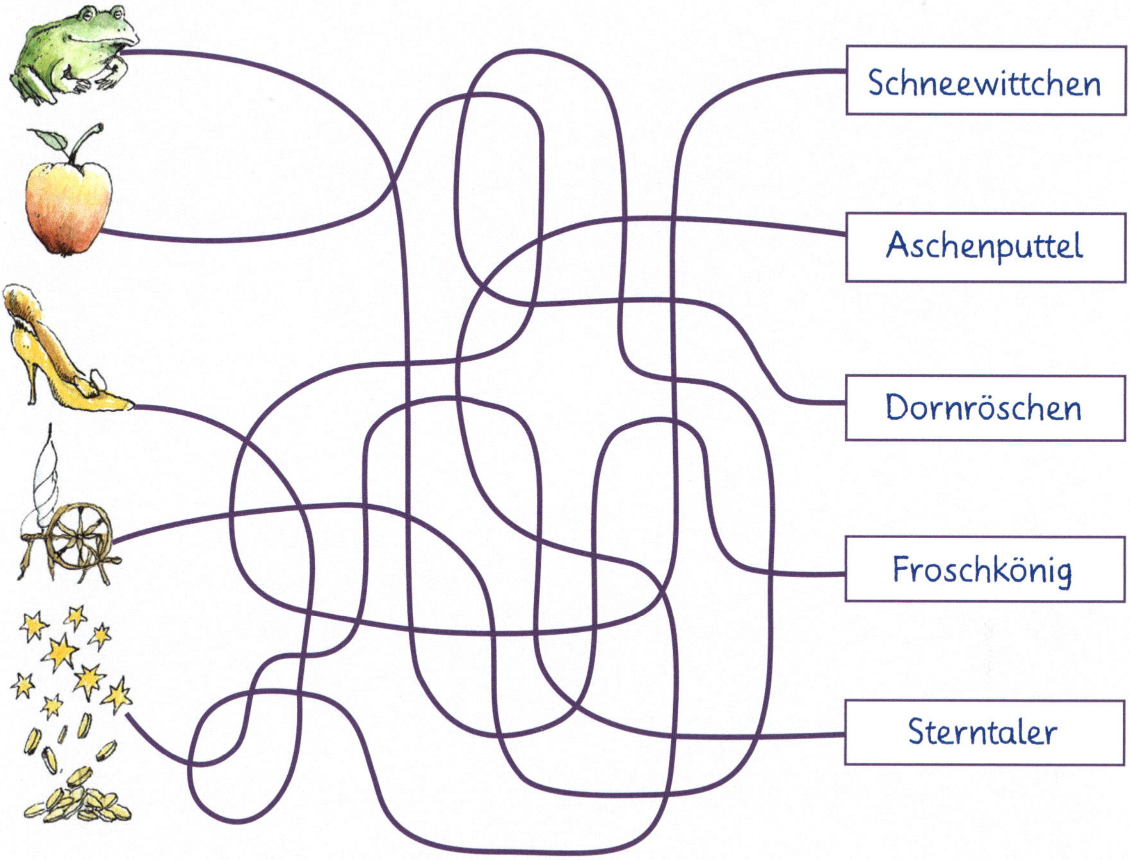

Schneewittchen

Aschenputtel

Dornröschen

Froschkönig

Sterntaler

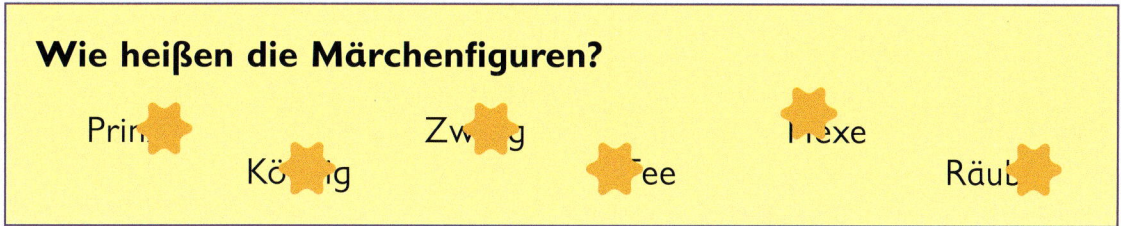

Wie heißen die Märchenfiguren?

Prin🌟   Zw🌟g   🌟exe

  Kö🌟g   🌟ee   Räu🌟

Wörtertreppen

Hexen   Märchen
Hexenhaus   Märchenschloss
Hexenhaustür   Märchenschlossgarten
Hexenhaustürschlüssel   Märchenschlossgartenrosen
Hexenhaustürschlüsselloch   Märchenschlossgartenrosenbeet

Im Haus der Großmutter

Nachdem Rotkäppchen den Rat des Wolfes befolgt und einen Blumenstrauß gepflückt hatte, kam es endlich zum Haus der Großmutter. Da bot sich ihm ein seltsames Bild, denn die Tür des Häuschens stand offen. Die Großmutter lag im Bett und hatte die Haube tief ins Gesicht gesetzt und sah so wunderlich aus.

„Ei, Großmutter, was hast du für große Ohren!"

„Dass ich dich besser hören kann."

„Ei, Großmutter, was hast du für große Augen!"

„Dass ich dich besser sehen kann."

„Ei, Großmutter, was hast du für große Hände!"

„Dass ich dich besser packen kann."

„Aber, Großmutter, was hast du für ein entsetzlich großes Maul!"

„Dass ich dich besser fressen kann."

Kaum hatte der Wolf das gesagt, so tat er einen Satz aus dem Bett und verschlang das arme Rotkäppchen. Als er sein Gelüsten gestillt hatte, legte er sich wieder ins Bett, schlief ein und fing an, überlaut zu schnarchen.

Brüder Grimm

🔴 Lest den Text mit verteilten Rollen.
Überlegt: Wie spricht der Wolf? Wie spricht das Rotkäppchen?

Rotkäppchen

Es war einmal ein Mädchen,
das wurde von allen Leuten
Rotkäppchen genannt.
Eines Tages sagte seine Mutter:
5 „Rotkäppchen, geh hinaus
zur Großmutter und bring ihr
Kaffee und Kuchen.
Aber geh nicht vom Weg ab
und komm wieder heim,
10 bevor es dunkel ist."
Rotkäppchen nahm den Korb
mit Kaffee und Kuchen
und machte sich auf den Weg.
Als es ein ganzes Stück gegangen war,
15 kam plötzlich der Wolf.
„Wohin gehst du?", fragte er.
„Zu meiner Großmutter",
antwortete Rotkäppchen.
„Wo wohnt deine Großmutter?"
20 Rotkäppchen überlegte nicht lange
und sagte: „Du musst
bis zu der großen Eiche laufen.
Dann siehst du rechts
ein kleines Haus am Waldrand.
25 Da wohnt sie, meine Großmutter."
Der Wolf lief schnell davon.
Rotkäppchen aber ging singend
in die andere Richtung,
denn in dem kleinen Haus
30 am Waldrand wohnte
in Wirklichkeit der Jäger.

Manfred Mai

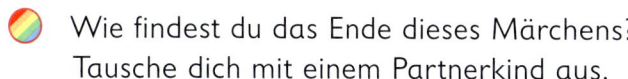 Wie findest du das Ende dieses Märchens?
Tausche dich mit einem Partnerkind aus.

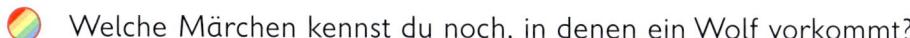 Welche Märchen kennst du noch, in denen ein Wolf vorkommt?

Vom dicken, fetten Pfannkuchen

Ein dicker, fetter Koch hatte einen dicken, fetten Pfannkuchen
gebacken. Sieben Kinder standen um ihn herum und bettelten:
„Lieber Koch, gib uns den dicken, fetten Pfannkuchen!"
Das hörte der Pfannkuchen, sprang aus der Pfanne und rannte –
kantipper, kantapper – in den Wald.
Er rannte und rannte – kantipper, kantapper.

Kam Häschen Langohr. Rief: „Dicker, fetter Pfannkuchen,
bleib stehen, ich will dich fressen!"
Lachte der dicke, fette Pfannkuchen, rannte und rannte –
kantipper, kantapper.

Kam Wolf Scharfzahn. Rief: „Dicker, fetter Pfannkuchen,
bleib stehen, ich will dich fressen!"
Lachte der dicke, fette Pfannkuchen, rannte und rannte –
kantipper, kantapper.

Kam Schwein Ringelschwanz. Rief: „Dicker, fetter Pfannkuchen,
bleib stehen, ich will dich fressen!"
Lachte der dicke, fette Pfannkuchen, rannte und rannte –
kantipper, kantapper.
Aber Schwein Ringelschwanz rannte hinterher.

Kam der dicke, fette Pfannkuchen an einen Bach
und konnte nicht hinüber. Sagte Schwein Ringelschwanz:
„Setz dich auf meinen Rüssel, ich trag dich hinüber!"

Aber kaum saß der dicke, fette Pfannkuchen auf dem Rüssel,
schüttelte Schwein Ringelschwanz auch schon den Kopf,
schleuderte den dicken, fetten Pfannkuchen in die Luft,
fing ihn wieder und fraß ihn.
Aus war's mit dem dicken, fetten Pfannkuchen,
und aus ist unser Märchen.

Deutsches Volksmärchen

🔴 Lest das Märchen mit verteilten Rollen.
Wie sprechen die Tiere? Wie spricht der Erzähler?
Denkt euch auch ein Geräusch aus
für die „Kantipper-kantapper-Bewegung".

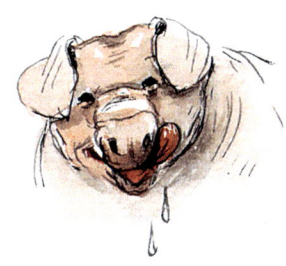

Geschichten, Gedichte und Dialoge vortragen, auch auswendig
handelnd mit Texten umgehen: z.B. illustrieren, inszenieren, umgestalten, collagieren

75

Märchen-Sprüche

„Knusper, knusper, Knäuschen,
wer knuspert
an meinem Häuschen?"
„Der Wind, der Wind,
das himmlische Kind."

„Ziege, bist du auch satt?"
„Wovon soll ich satt sein?
Ich sprang nur über Gräbelein
und fand kein einzig Blättelein. Mäh, mäh!"

„Spieglein, Spieglein an der Wand,
wer ist die Schönste im ganzen Land?"
„Frau Königin, Ihr seid die Schönste hier,
aber Schneewittchen über den Bergen
bei den sieben Zwergen
ist noch tausendmal schöner als Ihr."

🔴 Suche dir ein Kind zum **Partnerlesen**.
Übt gemeinsam, die Texte flüssig vorzulesen.

🔴 Welcher Märchen-Spruch gehört zu welcher Figur?
Verbinde die Bilder und die passenden Textstellen mit Papierstreifen.

Der Riese Glombatsch

Der Riese Glombatsch, aus Bibabombatsch,
Ist siebzehn Meter neunzig groß.
Auf einer Wiese sitzt unser Riese,
Und Tränen fall'n in seinen Schoß.

Er hat keinen Freund zum Spielen, alle reißen vor ihm aus.
Vor ihm zittern alle Kinder wie vorm Elefant die Maus.
Alle denken, er ist böse, weil er 'n bisschen größer ist.
Und sie rennen, was sie können, grad als ob er Kinder frisst.

Der Riese Glombatsch aus Bibabombatsch
Sucht ein paar Freunde in der Stadt,
Die mit ihm spielen und mit ihm fühlen,
Wenn er mal einen Kummer hat.

Was kann er für seine Größe, was kann er für sein Gesicht?
Warum will ihm keiner trauen, spürt sein gutes Wesen nicht?
Darum weint der Riese Glombatsch. Sind denn alle Kinder blind?
Und er wartet auf die Kinder, die ein bisschen klüger sind.

Gerhard Schöne

🔴 Suche dir ein Kind zum **Partnerlesen**.
Übt gemeinsam, den Text flüssig vorzulesen.

🔴 Verbinde das Bild und die passende Textstelle mit einem Papierstreifen.

🌈 Wie findest du das Gedicht?
Tausche dich mit einem Partnerkind aus.

○ altersgemäße Texte sinnverstehend lesen – **Erweiterung**
○ lebendige Vorstellungen beim Lesen und Hören literarischer Texte entwickeln
○ eigene Gedanken zu Texten entwickeln, zu Texten Stellung nehmen und mit anderen über Texte sprechen

77

Märchen-Adressen

Schneewittchen
Zwergenstraße 7
42719 Stiefmuttersfort

Familie Geißlein
Im Uhrkasten 7
38444 Wolfsburg

Knusper Hexe
Lebkuchenstraße 2
71332 Waldhausen

Dornröschen
Schlafplatz 100
33100 Prinzenkussdorf

Tapfer Schneiderlein
Fliegenstraße 7
19055 Streichheim

Rotkäppchen
Wolfsweg 3
...

...
Am Brunnen ...
...

Erwin Grosche

★ Schreibe an eine Märchenfigur.
Überlege dir dazu eine eigene Märchenadresse.
Oder: Denke dir Rätsel aus. Wer wohnt
in 86564 Brunnen, in 66851 Königreich, in 82515 Wolfratshausen?
Lasse ein Partnerkind raten.

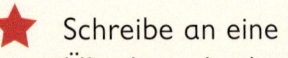

○ handelnd mit Texten umgehen: z.B. illustrieren, inszenieren, umgestalten, collagieren
○ Kinderliteratur kennen: Werke, Autoren und Autorinnen, Figuren, Handlungen

Im Winter

Wenn es schneit

Wenn es schneit,
hat das ganze Land
Wintersprossen.

Heinz Janisch

Schwerpunkt-Bildungsstandards in diesem Kapitel:
- Erzähltexte, lyrische und szenische Texte kennen und unterscheiden
- Verfahren zur ersten Orientierung über einen Text nutzen

79

So kannst du Gedichte untersuchen

Schritt 1: die Gedichtform untersuchen

Die drei Spatzen	Überschrift
In einem leeren Haselstrauch,	Vers ⎫ 1. Strophe
Da sitzen drei Spatzen, Bauch an Bauch.	Vers ⎭

Untersuche, wie das Gedicht aufgebaut ist.

- Zähle die Anzahl der Strophen im Gedicht.
- Zähle die Verse (Zeilen) jeder Strophe.

Schritt 2: die Reimform untersuchen

Untersuche, ob sich das Gedicht reimt.

Lies die letzten Wörter in jeder Zeile halblaut.

Welche Wörter reimen sich?

… Haselstrauch
… Bauch

Schritt 3: das Besondere der Sprache entdecken

Entdecke die besondere Sprache im Gedicht.

- Gibt es besondere Wörter?
- Welche Textstelle gefällt dir besonders gut? Warum?

Ihrer Herzlein Gepoch …
Was bedeutet das?

Bauch an Bauch.
Das finde ich schön, weil ich mir vorstellen kann, wie sich die Spatzen aneinanderkuscheln.

Beobachtung

Zarte, feine
klitzekleine
Spuren findest du im Schnee?
Zarte, feine
klitzekleine
Spuren – die sind nicht vom Reh!

Diese krickel
krackel Grüße
schrieb ein andrer Gast hierher:
Zickel zackel
Vogelfüße –
schau: Dort sind schon keine mehr.

Denn nur eben
fast im Schweben
hüpfte, pickte er im Lauf –
und
mit einem Sprunge,
Schwunge
flog er zu den Wolken auf.

Max Kruse

Die drei Spatzen

In einem leeren Haselstrauch,
Da sitzen drei Spatzen, Bauch an Bauch.

Der Erich rechts und links der Franz
Und mittendrin der freche Hans.

Sie haben die Augen zu, ganz zu,
Und obendrüber, da schneit es, hu!

Sie rücken zusammen dicht an dicht.
So warm wie der Hans hats niemand nicht.

Sie hörn alle drei ihrer Herzlein Gepoch.
Und wenn sie nicht weg sind, so sitzen sie noch.

Christian Morgenstern

🔴 Untersuche ein Gedicht.
• Wie viele Strophen hat das Gedicht?
• Wie viele Verse haben die Strophen?
• Welche Wörter reimen sich?

🌈 Finde besonders schöne Textstellen.

Nikolaus-Punsch

Zutaten (für fünf Personen)
1 Liter Wasser
2 Beutel Früchtetee
2 Orangen
1 Zitrone
4 EL* Zucker
2 Stangen Zimt
2 Gewürznelken
etwas Zucker für die Gläser

* EL bedeutet Esslöffel.

1. Presse eine Orange und eine Zitrone aus.

2. Bringe das Wasser in einem Topf zum Kochen und gib
   die Teebeutel, den ausgepressten Saft, den Zucker,
   die Zimtstangen und die Nelken dazu.

3. Lasse alles fünf Minuten kochen. Nun kannst du
   die Zimtstangen und die Nelken wieder herausnehmen.

4. Dekoriere die Gläser mit einem Zuckerrand.
   Gib dazu etwas Zucker auf einen kleinen Teller.
   Tauche den Rand der Gläser kurz in Wasser und dann
   in den Zucker. So bleibt der Zucker am Rand kleben.

5. Schöpfe vorsichtig den Punsch mit einer Kelle in die Gläser.

6. Dekoriere die Gläser mit Orangenscheiben.

Lasse dir deinen Nikolaus-Punsch schmecken!

● Wo findest du die Zutaten-Liste für einen Nikolaus-Punsch?

● Die Nelken muss man nach dem Kochen aus dem Punsch herausnehmen.
  Stimmt das? Lies im Rezept unter Schritt 3 nach.

● Verfahren zur ersten Orientierung über einen Text nutzen
● Aussagen mit Textstellen belegen

Gedichte für den Niko ...

Er war da
Roter Mantel,
der Bart lang und weiß,
kommt er gegangen,
ganz heimlich und leis.
Ein Rascheln,
ein Wispern,
ein Tuscheln,
ein Knistern
tief in der Nacht.

Nikolaus hat
an uns alle
gedacht.

Elke Bräunling

Niko, Niko, Nikolaus,
komme doch in unser Haus.
Alle warten wir auf dich.
Am allermeisten warte ich.

unbekannter Verfasser

Eins, zwei, drei, vier:
Der Nikolaus war hier.
Fünf, sechs, sieben, acht:
Viel Gutes hat er uns gebracht.

unbekannter Verfasser

Eins, zwei, drei,
Niklaus, komm herbei!
…

Horch, wer schleicht da
durch das Haus?
…

🔴 Wähle ein Gedicht aus.
Welche Wörter reimen sich?
Was fällt dir auf? Vergleiche mit einem Partnerkind.

🌈 Schreibe ein eigenes Nikolausgedicht.
Du kannst die Anfänge auf dieser Seite nutzen.

Wie viele verschiedene Tiere sind über den Schnee gelaufen?

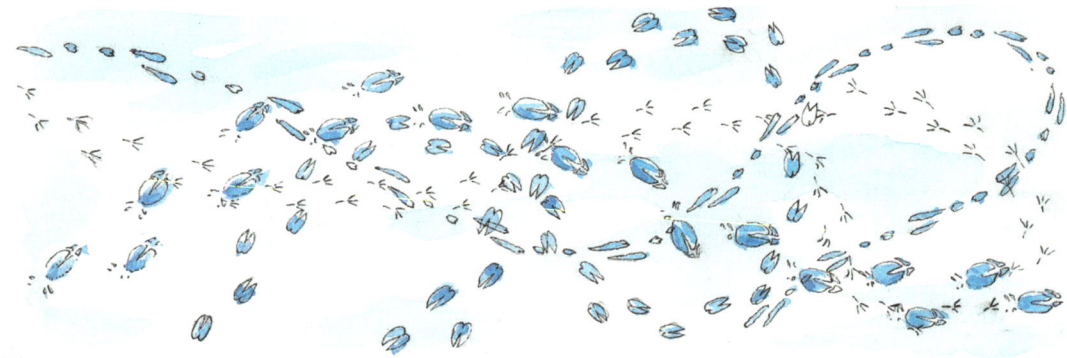

Finde die drei Kuckuckseier

Januar Januar Januar Januar Januar Januar Januar Januar Januar Januar Januar
Januar Januar Januar Jaguar Januar Januar Januar Januar Januar Januar Januar
Januar Januar Januar Januar Januar Januar Januar Januar Januar Januar Januar
Januar Januar Januar Januar Januar Januar Januar Januar Januar Januar Januar
Januar Januar Januar Januar Januar Januar Januar Januar Januar Jahre   Januar
Januar Jacken Januar Januar Januar Januar Januar Januar Januar Januar Januar
Januar Januar Januar Januar Januar Januar Januar Januar Januar Januar Januar

Zwei sind immer gleich

Was sagt ein Hase, wenn
er einen Schneemann sieht?
„Möhre her,
oder ich föhne dich."

Treffen sich zwei Kerzen.
Sagt die eine zur anderen:
„Was hast du heute Abend vor?"
„Ich gehe aus."

Sprüche und Lieder im Advent

Advent, Advent
ein Lichtlein br…

Wir warten auf die Weihnachtszeit.
Wann ist es so w…?

Lasst uns froh und munter sein
und uns recht von Herzen fr…

Niko, Niko, Nikolaus,
komme doch in unser H…

In der Weihnachtsbäckerei
gibt es manche L…

Leise rieselt der Schnee,
still und starr ruht der S…

Welche drei Dinge gibt es nicht?

Adventskranz	Weihnachtsmann	Nikolausstiefel
Adventsgesteck	Weihnachtsfest	Nikolaussack
Adventskerze	Weihnachtsschleim	Nikolausspruch
Adventsgedicht	Weihnachtsbraten	Nikolaustag
Adventssee	Weihnachtsgeschichte	Nikolaustanne

Fünf Geschenke stecken im Sack des Weihnachtsmanns

Com   to   Aben   au
by   Spiel   pup   pu
zeug   ter   Wür   teu
Ba   er   pe   fel
buch   spiel

1. Übung zum Aufbau der Sinnerwartung
2. Übung zum Überprüfen der Sinnerwartung
3. Übung zur Segmentierung

Lösungen S.196

85

Die Weihnachtsgeschichte

Vor ungefähr 2000 Jahren herrschte
der römische Kaiser Augustus.
Da er wissen wollte, wie viele Menschen
in seinem großen Reich lebten, befahl er allen,
5 sich in ihrer Geburtsstadt zählen zu lassen.

Kees de Kort

So machte sich auch Josef,
ein Zimmermann aus Nazareth,
mit seiner Frau Maria auf den Weg.
Sie mussten bis nach Bethlehem.
10 Maria war schwanger und ihr Kind
sollte bald geboren werden.
Die Reise dauerte viele Tage
und war besonders für Maria beschwerlich.

Als sie endlich Bethlehem erreichten,
15 war in keiner Herberge ein Platz für sie frei.
Schließlich fanden sie eine Unterkunft
in einem Stall. Hier waren sie geschützt
vor dem Wind und der Kälte der Nacht.

Kees de Kort

Gerade in dieser Nacht
20 bekam Maria ihr Kind.
Maria und Josef freuten sich
und nannten den kleinen Jungen Jesus.
Maria wickelte ihn in Windeln
und legte ihn in eine Krippe.

nach Lukas 2, 1–7

🔴 Lies die Überschrift und betrachte die Bilder.
Worum geht es wohl in diesem Text?

Die Weihnachtsgeschichte im Kamishibai

Das Kamishibai ist ein Papiertheater aus Japan.
Ein Erzähler erzählt eine Geschichte in mehreren Teilen.
Zu jedem Abschnitt hat der Erzähler ein passendes Bild gemalt.
Die Bilder stecken in einem Rahmen aus festem Papier.
Der Erzähler erzählt zu jedem Bild den passenden Teil der Geschichte
und zieht das Bild dann aus dem Rahmen.

1

2

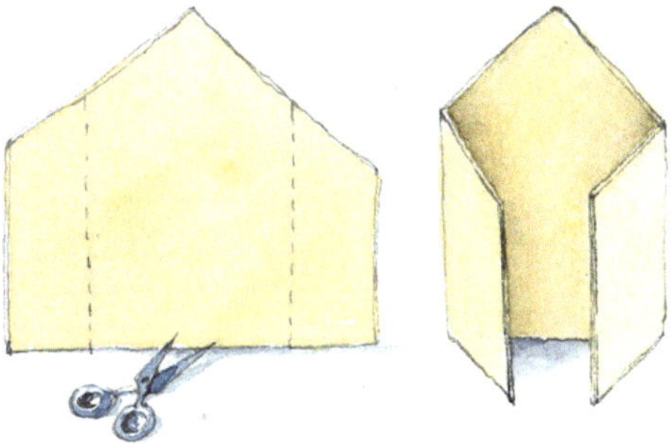

3

4

Erzähle am Weihnachtsabend deinen Eltern die Geschichte.
Du kannst dazu ein selbst gebasteltes Kamishibai nutzen.

● handelnd mit Texten umgehen: z.B. illustrieren, inszenieren, umgestalten, collagieren
● Geschichten, Gedichte und Dialoge vortragen, auch auswendig

87

Die Mutprobe

Lena, Oskar und Sven sind der Geheimbund Schwarze Spinne.
Max will auch dazugehören.
Aber erst muss er eine Mutprobe bestehen:
Er soll über den zugefrorenen Bach laufen.

5 „Das traust du dich sowieso nicht!", sagt Lena.
„Max ist ein Angsthase!", spottet Sven.
„Das Eis ist bestimmt noch nicht dick genug",
sagt Oskar. „Ich finde, Max sollte das lieber lassen."

„Wer bei uns mitmachen will, muss beweisen,
10 dass er kein Feigling ist", sagt Lena.

Max sagt gar nichts.
Aber er weiß, dass Oskar recht hat.
Das Eis ist noch zu dünn.

Ein paar Enten watscheln über das Eis.
15 Es hält.
Vielleicht ist es doch schon fest genug?

„Na gut", sagt Max.

Er setzt vorsichtig einen Fuß auf das Eis.
„Nicht, Max! Komm zurück!", ruft Oskar erschrocken.
20 Aber Max ist schon mit dem zweiten Fuß auf dem Eis.
Es knackt und knirscht.
„Ja, komm lieber wieder runter.
Vielleicht hat Oskar doch recht!", ruft Lena.

Aber Max dreht sich nicht um.
25 Das Wasser unter dem Eis sieht schwarz
und gefährlich aus.
Das Eis knackt lauter.

Max macht einen großen Schritt.
Und dann noch einen.
30 Er hat schon einen Fuß am Ufer.
Da bricht das Eis.

Aber jetzt ist Max zum Glück schon
mit beiden Beinen auf dem anderen Ufer.
Das war knapp.

35 „Jetzt bist du einer von uns", ruft ihm Sven zu.
„Genau", sagt Lena.
Aber Max kann sich darüber nicht mehr freuen.
„Nein, ich will gar nicht mehr bei euch mitmachen",
sagt Max nach einer Weile.

40 Er dreht sich um und geht.
Vielleicht gründet er ja selbst eine Bande.
Aber eine ohne Mutproben.

Sabine Rahn

🔴 Lies die Überschrift und den ersten Abschnitt. Betrachte die Bilder.
Worum geht es wohl in dem Text?

🌈 Findest du Max mutig? Begründe.
Tausche dich mit einem Partnerkind aus.

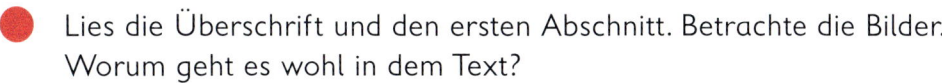

○ Verfahren zur ersten Orientierung über einen Text nutzen
○ eigene Gedanken zu Texten entwickeln, zu Texten Stellung nehmen und mit
anderen über Texte sprechen   AH S. 26   89
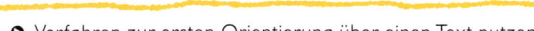

Mein Bett

Brrr, ist es kalt auf der Straße!
Die Nacht ist da, und der Wind heult wild.
Brrr, ist es kalt auf der Straße!
Zum Glück schlüpf ich gleich in mein Bett.

Im Bett ist's schön warm.
Und draußen friert's.
Im Bett ist's schön warm.
Ich kuschel mich in meine Decke.

Die Decke ist weich und federleicht
wie die Schneeflocken, die draußen fallen.
Die Decke ist weich und federleicht
wie eine Wolke am blauen Himmel.

Brrr, ist es kalt auf der Straße!
Die Nacht ist da, und der Wind heult wild.
Brrr, ist es kalt auf der Straße!
Gleich schlaf ich ein in meinem Bett.

Lola Casas

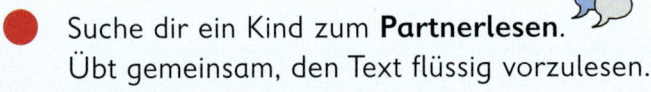

● Suche dir ein Kind zum **Partnerlesen**.
Übt gemeinsam, den Text flüssig vorzulesen.

● Untersuche das Gedicht. Wie viele Strophen und Verse hat es?

● Welche Besonderheiten kannst du in den Strophen entdecken?

Wintereinbruch

Zitter zitter ka ha halt
Zitter zitter ka ha halt

Wenn im Winter wunderweißer
Schnee auf unsre Wiesen fällt
und manch wilder Schneeballschmeißer
dich für einen Schneemann hält,
packe Schal und Mütze ein,
kann ein Wintereinbruch sein.

Wenn im Winter alle Türen
ganz fest zugeschlossen sind,
kannst du doch die Kälte spüren
und den kalten Winterwind.
Pass auf, sonst kommt Kälte rein,
kann ein Wintereinbruch sein.

Wenn im Winter Schneeballschlachten
an der Tagesordnung sind,
kommt auch bald schon das Weihnachten
und da freut sich jedes Kind.
Pack schnell die Geschenke ein,
kann ein Wintereinbruch sein.

Erwin Grosche

● Suche dir ein Kind zum **Partnerlesen**.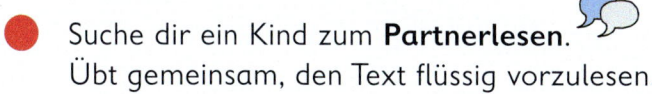
   Übt gemeinsam, den Text flüssig vorzulesen.

● Lies das Gedicht als Rap mit einem Partnerkind.
   Das Partnerkind wiederholt im Hintergrund immer die erste Strophe,
   während du die anderen Strophen liest. Danach tauscht ihr.

◑ altersgemäße Texte sinnverstehend lesen – **Erweiterung**
◐ selbst gewählte Texte zum Vorlesen vorbereiten und sinngestaltend vorlesen

91

Die Sonne kitzelt schon unter der Mütze

Vor-
frühling …
Die Sonne kitzelt
schon unter der Mütze.
Vorm Vordach in den Eisentopf
plitscht aufgebracht ein **Eiszapfen**

Eiszapf
Eiszopf
tropf
tropf

t
r
o
p
f

Günter Saalmann

⭐ Was ist das Besondere an diesem <u>Gedicht?</u>

⭐ Wie klingt es, wenn es tropft?
Trage das Gedicht mit einem Partnerkind als Klanggedicht vor.
Benutzt unterschiedliche Materialien oder eure Stimme.

Das tut mir gut

Wir
Du
hast mich
und ich
hab dich

Ich und du
wir beide!

Anne Steinwart

Schwerpunkt-Bildungsstandards in diesem Kapitel:
- eigene Gedanken zu Texten entwickeln, zu Texten Stellung nehmen und mit anderen über Texte sprechen
- zentrale Aussagen eines Textes erfassen und wiedergeben

So kannst du mit anderen über einen Text sprechen

Du kannst mit einem Partnerkind über einen Text reden.

Du kannst in einer Lesekonferenz mit drei bis vier Kindern über einen Text sprechen.

Du kannst dich mit deiner Klasse über Texte austauschen.

Tipp 1: überlegen und begründen, wie man den Text findet

Mir gefällt der Text, weil er witzig ist.

So sind Texte:
witzig
langweilig
unheimlich
interessant
fantasievoll
lehrreich
traurig
...

Ich finde den Text interessant, weil er so vieles beschreibt, was ein Kind kann.

Tipp 2: eine besondere Stelle vorlesen und die Auswahl begründen

Suche eine Stelle aus dem Text, die dir besonders gefällt. Erkläre, warum.

Mir gefällt die Stelle „wir alle sind Wunder" am Schluss des Gedichts, weil mein Papa auch sagt, dass ich ein Wunder bin.

○ eigene Gedanken zu Texten entwickeln, zu Texten Stellung nehmen und mit anderen über Texte sprechen

Ich bin ein Wunder

Ich bin ein Wunder:
kann gehen
sehen
mich drehen
ganz wie ich will
kann lachen
Dummheiten
gar nichts machen
kann denken
schenken
ein Auto lenken
kann träumen
klettern in Bäumen
kann trinken
winken
mich wehren
mit Freunden verkehren

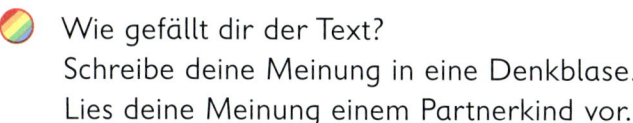
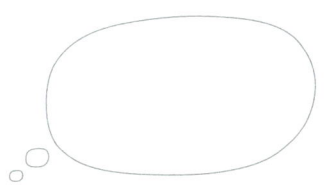

Ich
du – er – sie – es
wir alle
sind Wunder

Klaus Kordon

🌈 Wie gefällt dir der Text?
Schreibe deine Meinung in eine Denkblase.
Lies deine Meinung einem Partnerkind vor.

Heute bin ich

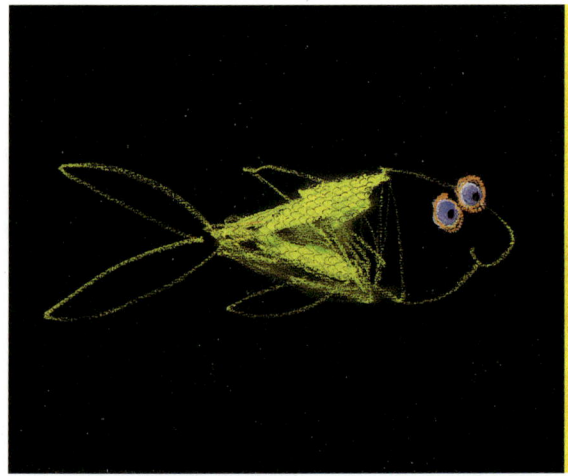

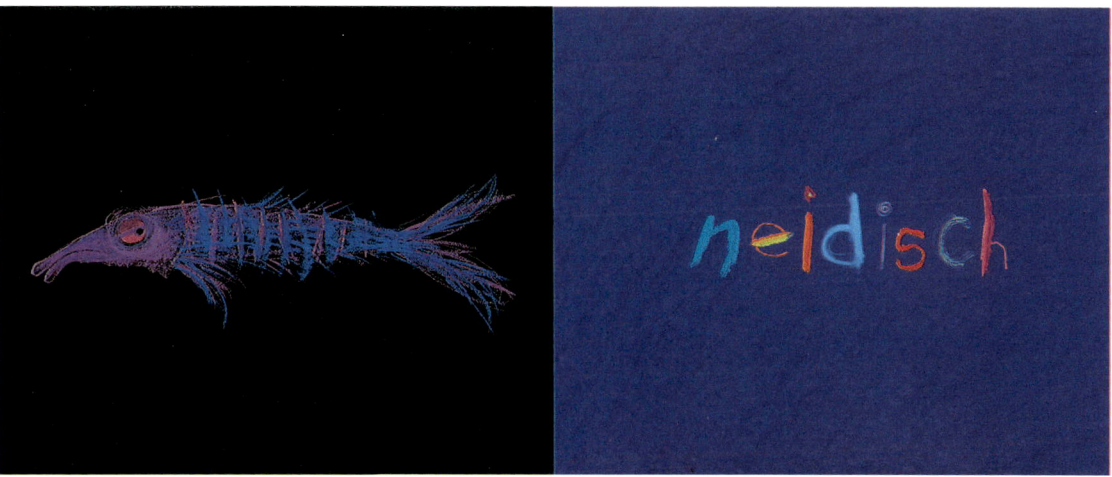

🌈 Welches Bild-Wort-Paar gefällt dir besonders gut? Erkläre deiner Klasse, warum.

🌈 Wähle ein Gefühl aus, z.B. glücklich, traurig, ängstlich oder mutig. Gestalte selbst so ein Bild-Wort-Paar.

◗ eigene Gedanken zu Texten entwickeln, zu Texten Stellung nehmen und mit anderen über Texte sprechen
◗ handelnd mit Texten umgehen: z.B. illustrieren, inszenieren, umgestalten, collagieren

97

Ich kann was Tolles

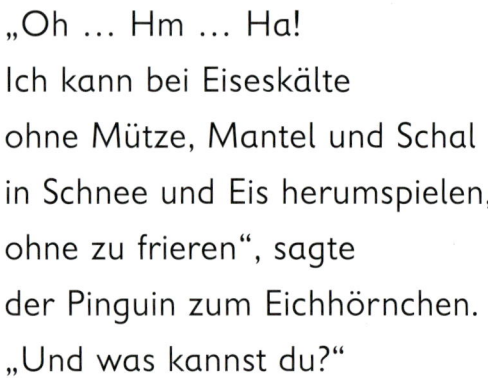

„Ich kann vor Wut
meine Fellhaare sträuben
und vor Freude
mit dem Schwanz wackeln",
sagte der Hund zum Pinguin.
„Und was kannst du?"

„Oh … Hm … Ha!
Ich kann bei Eiseskälte
ohne Mütze, Mantel und Schal
in Schnee und Eis herumspielen,
ohne zu frieren", sagte
der Pinguin zum Eichhörnchen.
„Und was kannst du?"

„Ich kann von einem Baum
zum nächsten springen und
so viele Nüsse in meine Backen
stopfen, dass der Vorrat
für viele Tage reicht",
sagte das Eichhörnchen
zur Schnecke.
„Und was kannst du?"

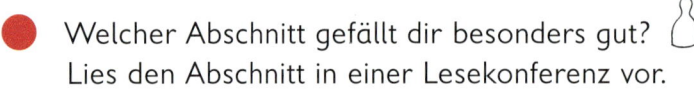

„Ich kann …"

nach Leo Löwe

● Welcher Abschnitt gefällt dir besonders gut?
Lies den Abschnitt in einer Lesekonferenz vor.

◉ Was kannst du Tolles? Erzähle es den anderen.

○ selbst gewählte Texte zum Vorlesen vorbereiten und sinngestaltend vorlesen
○ eigene Gedanken zu Texten entwickeln, zu Texten Stellung nehmen und
mit anderen über Texte sprechen

98

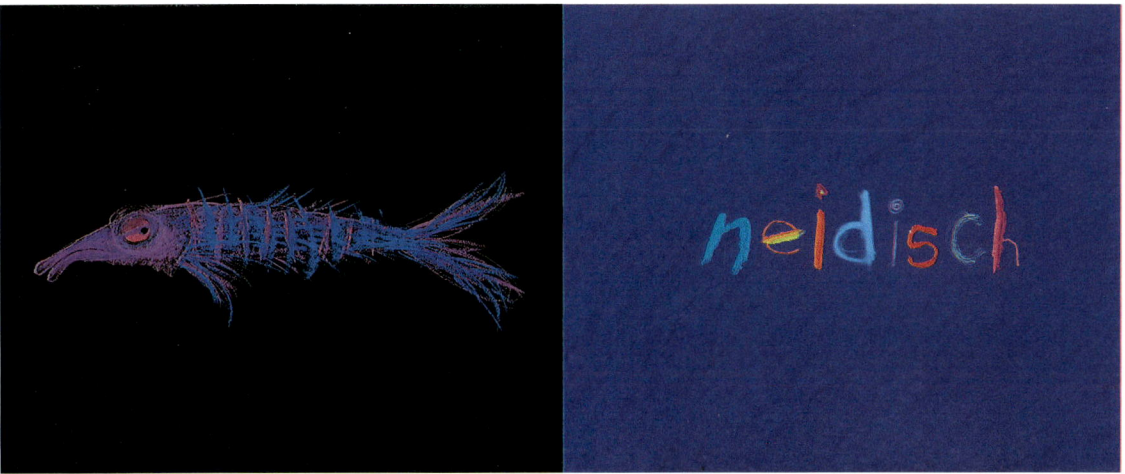

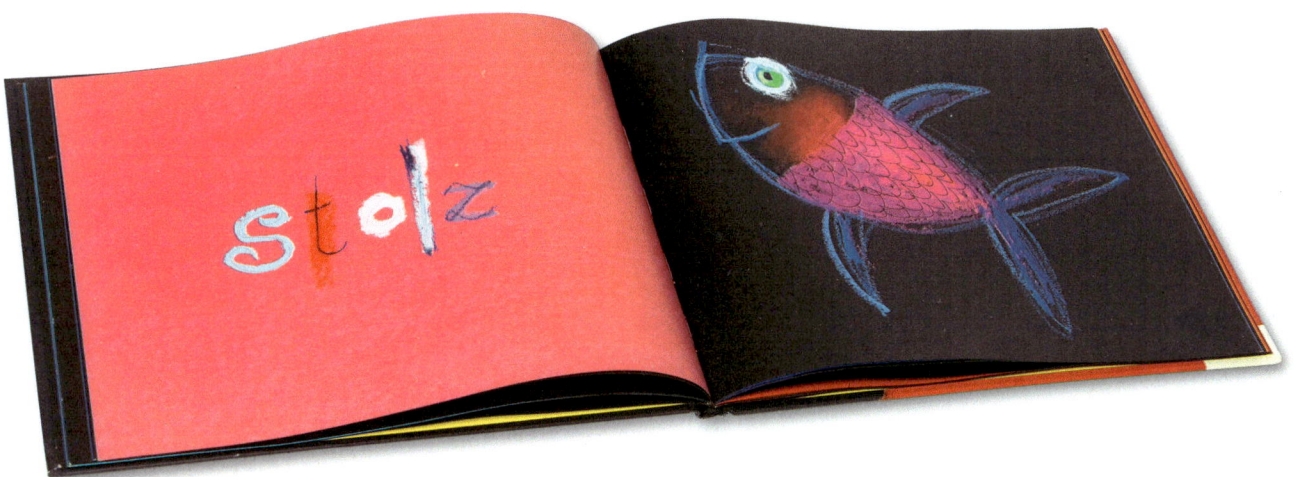

🌈 Welches Bild-Wort-Paar gefällt dir besonders gut?
Erkläre deiner Klasse, warum.

🌈 Wähle ein Gefühl aus, z.B. glücklich, traurig, ängstlich oder mutig.
Gestalte selbst so ein Bild-Wort-Paar.

○ eigene Gedanken zu Texten entwickeln, zu Texten Stellung nehmen und
mit anderen über Texte sprechen
○ handelnd mit Texten umgehen: z.B. illustrieren, inszenieren, umgestalten, collagieren

Ich kann was Tolles

„Ich kann vor Wut
meine Fellhaare sträuben
und vor Freude
mit dem Schwanz wackeln",
sagte der Hund zum Pinguin.
„Und was kannst du?"

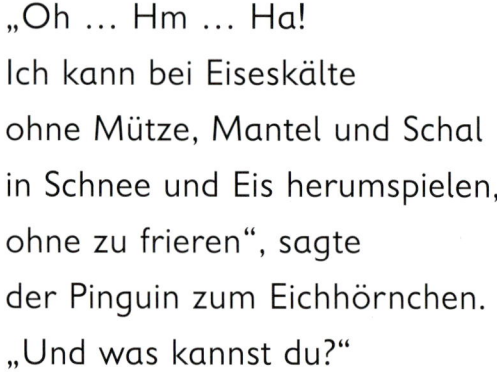

„Oh … Hm … Ha!
Ich kann bei Eiseskälte
ohne Mütze, Mantel und Schal
in Schnee und Eis herumspielen,
ohne zu frieren", sagte
der Pinguin zum Eichhörnchen.
„Und was kannst du?"

„Ich kann von einem Baum
zum nächsten springen und
so viele Nüsse in meine Backen
stopfen, dass der Vorrat
für viele Tage reicht",
sagte das Eichhörnchen
zur Schnecke.
„Und was kannst du?"

„Ich kann …"

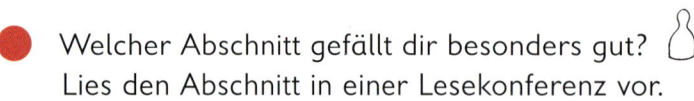

nach Leo Löwe

● Welcher Abschnitt gefällt dir besonders gut?
   Lies den Abschnitt in einer Lesekonferenz vor.

● Was kannst du Tolles? Erzähle es den anderen.

○ selbst gewählte Texte zum Vorlesen vorbereiten und sinngestaltend vorlesen
○ eigene Gedanken zu Texten entwickeln, zu Texten Stellung nehmen und
   mit anderen über Texte sprechen

98

Gelb schmeckt nach Senf

Thomas ist blind, und er mag alle Farben.

Für Thomas schmeckt die Farbe **Gelb** nach Senf,

und sie ist so weich wie der Flaum von Küken.

Die Farbe **Rot** ist so süß wie eine Erdbeere

5 und so saftig wie die Wassermelone,

und sie tut weh, wenn sie aus seinem abgeschürften Knie quillt.

Die Farbe **Braun** raschelt unter seinen Füßen,

wenn die Blätter vertrocknet sind.

Manchmal duftet sie nach Schokolade,

10 und manchmal riecht sie sehr schlecht.

Thomas sagt, dass **Blau** die Farbe des Himmels ist,

wenn die Sonne seinen Kopf wärmt.

Er sagt, dass die Farbe **Grün** nach frisch gemähtem

Gras duftet und nach Pfefferminzeis schmeckt.

15 **Schwarz** ist die Königin der Farben.

Sie ist so weich wie Seide, wenn seine Mama

ihn umarmt und mit ihren Haaren umhüllt.

Thomas mag alle Farben, weil er sie hören,

riechen, fühlen und schmecken kann.

Menena Cottin

🔴 Welche Überschrift passt auch zum Text?
Schreibe die Überschrift auf einen Papierstreifen und lege sie über den Text.

Thomas mag Pfefferminzeis   Der Himmel ist blau

Farben hören, riechen, fühlen und schmecken

🌈 Warum ist für Thomas SCHWARZ die Königin der Farben?
Stelle deine Vermutung vor.

● zentrale Aussagen eines Textes erfassen und wiedergeben
● eigene Gedanken zu Texten entwickeln, zu Texten Stellung nehmen und mit
anderen über Texte sprechen

99

Wer ist Toms Freund?

In der Schule mag mein Freund am liebsten Mathe.
Er ist lustig, denn er erzählt immer gerne Witze.
Sein Lieblingssport ist Judo.

1
Jakob ist ein besonders guter Schüler.
Er mag gerne Mathe.
In seiner Freizeit spielt er immer Fußball.

2
Hamad liest gerne Witzbücher.
In der Schule mag er am liebsten Kunst.
Sein Lieblingssport ist Basketball.

3
Marek erzählt oft Witze.
In seiner Freizeit geht er zum Judo.
Außerdem ist er der Beste in Mathe.

Das macht Kira gerne mit ihrer Freundin

* ALEN
* RZÄHLEN
* ECHNEN
* ACHEN
* SSEN

Wie heißt die Freundin?

**Kennst du die guten Freunde?
Wie heißen sie richtig?**

Hippi Langstrumpf, Thomas und Annika

Max und Müritz

Das Sams und Herr Maschenbier

Die milden Kerle

Jim Kropf und Lukas, der Lokomotivführer

Knobelei

Nele und Pavel wollen gemeinsam mit dem Zug nach Berlin fahren. Nele steigt in den dritten Waggon von hinten ein. Pavel steigt in den fünften Waggon von vorne ein. Beide steigen in denselben Waggon. Wie viele Waggons hat der Zug?

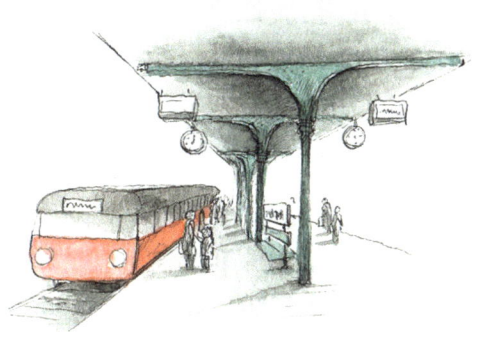

Immer länger

Fuß
Fußball
Fußballfreunde

Freunde
Freundebuch
Freundebuchseite

Sand
Sandkasten
Sandkastenfreunde

Scherzfrage

Lisa hat vier Äpfel und möchte sie gerecht unter ihren fünf Freundinnen aufteilen. Wie macht sie das?

Wem gehört die Hand? Ein Spiel für Freunde

Allen Mitspielern werden die 👀 mit einem 🧣 verbunden. Der Spielleiter führt zwei 👦 👧 zusammen. Die beiden geben sich die 🤝. Wer zuerst herausfindet, wessen 🖐 er gedrückt hat, hat gewonnen.

Wann Freunde wichtig sind

Freunde sind wichtig
zum Sandburgenbauen,
Freunde sind wichtig,
wenn andre dich hauen,
Freunde sind wichtig
zum Schneckenhaussuchen,
Freunde sind wichtig
zum Essen von Kuchen.

Vormittags, abends,
im Freien, im Zimmer …
Wann Freunde wichtig sind?
Eigentlich immer!

Georg Bydlinski

Freunde sind wichtig zum Spielen.

Freunde

🌈 Wann sind Freunde für dich wichtig?
Sprich mit einem Partnerkind über deine Gedanken.

🌈 Gestalte ein Freunde-Leporello.

⦿ eigene Gedanken zu Texten entwickeln, zu Texten Stellung nehmen
und mit anderen über Texte sprechen
⦿ handelnd mit Texten umgehen: z.B. illustrieren, inszenieren, umgestalten, collagieren   AH S.29

Sandkastenfreunde

Die Freundschaft von Maya und David begann,
als sie gerade mal erst zwei Wochen alt waren.
Später saßen sie zusammen im Sandkasten und
haben sich gegenseitig mit Brezeln gefüttert.
5 Als David das erste Mal allein
beim Bäcker Brötchen holen durfte,
stand Maya ihm ==tatkräftig== zur Seite.
Sie gab die Bestellung auf
und er zählte das Geld ab – perfekte ==Teamarbeit==!
10 Aber dass Maya früher Schwimmen gelernt hat als er,
hat ihn schon ein bisschen ==gewurmt==.
Befreundet sein bringt es oft mit sich,
dass man sich mit dem anderen vergleicht.
Das kann Neid und schlechte Laune wecken.
15 Aber echte Freunde stehen solche ==Krisen== durch
und sind am Ende stolz aufeinander.
Inzwischen sind Maya und David acht Jahre alt.
Sie spielen und reden miteinander, lauschen Hörbüchern,
tauschen Briefmarken und Glasperlen.
20 Und wenn einer von ihnen krank ist,
bringt der andere ihm die Hausaufgaben.
„Wenn einer an einen denkt", das ist es,
was für Maya Freundschaft ausmacht.

Verena Hoenig

 Klärt die Bedeutung der markierten Wörter in einer Lesekonferenz.

 Frage ein anderes Kind, was es unter **Freundschaft** versteht.

○ bei Verständnisschwierigkeiten Verstehenshilfen anwenden: nachfragen, Wörter nachschlagen, Text zerlegen
○ eigene Gedanken zu Texten entwickeln, zu Texten Stellung nehmen und mit anderen
über Texte sprechen   **AH** S.30   103

Sinan und Felix

Sinan und sein Freund Felix saßen im Park auf einer Wiese. Sie überlegten, was sie spielen sollen.

1

„Ach!", sagte Felix auf Deutsch.
5 „Ich habe Karten dabei.
Hast du Lust?"
Genau in dem Moment flog
der Fußball von Murat
direkt auf Sinans Kopf.
10 „Aaaach!", rief Sinan auf
Türkisch. „Das hat wehgetan!"
„Özür dilerim!", sagte Murat.
„Bilerek olmadı."
„Fark etmez!", sagte Sinan.

2

15 Felix verstand kein einziges
Wort. Das machte ihn wütend.
Sinan war doch sein bester
Freund! Worüber hatte er da
mit Murat gesprochen?
20 Mutig ging Felix auf den viel
größeren Murat zu. Er schnalzte
auf Deutsch dreimal mit der
Zunge und schüttelte den Kopf.
„Kannst du nicht besser
25 aufpassen?"
„Was willst du denn?", sagte
Murat und schaute auf Felix
herab. „Ich habe mich doch eben
entschuldigt!"

30 Ach, das konnte Felix doch nicht
wissen! Er ging lieber zu Sinan
zurück.
„Was ist jetzt?", fragte er ihn
leise. „Hast du Lust
35 auf ein Kartenspiel oder nicht?"
Da schnalzte Sinan auf Türkisch
einmal mit der Zunge und zog
die Augenbrauen hoch.
„Nö, keine Lust!" Sinan zeigte
40 auf Murats Ball. „Lass uns doch
lieber Fußball spielen!"
„Au ja!", sagte Murat.

3

Das war Felix gar nicht recht.
Ausgerechnet mit diesem Riesen
45 wollte Sinan Fußball spielen!
Außerdem kam sich Felix immer
so doof vor, wenn Murat
und Sinan türkisch redeten.
Das macht er bestimmt
50 absichtlich, dachte Felix.
Er mochte Murat nicht.
„Da verstehe ich doch wieder
kein Wort", sagte er.
„Hey, bleib mal cool!", sagte
55 Murat. „Türkisch ist gar nicht
so schwer!"

„Na los, komm schon!" Sinan
versuchte Felix zu überreden.
„Wir beide gegen Murat, okay?"
60 Na gut! Felix machte mit.
Ausnahmsweise.

4

Murat wurde Torwart.
„Hadi koş!", rief er und schoss
den Ball zu Felix.
65 Typisch Murat! Felix hatte nichts
verstanden. Egal. Er rannte los.

Sinan und Felix waren
ein starkes Team. Fünf Tore!
Und das gegen einen riesigen
70 Torwart. So leicht würde
ihnen das keiner nachmachen!
„Oho!", sagte Felix auf Deutsch.
„Das hätte ich nicht gedacht!"
„Ohooo-o!", sagte Sinan
75 auf Türkisch. „Pass mal auf.
Wir schaffen noch mal
so viele Tore!"

Aygen-Sibel Çelik

Türkisch-deutsches Wörterbuch

Özür dilerim!   Entschuldigung!
(ö-sürr di-lä-rimm)

Bilerek olmadı.   Das war keine Absicht.
(bi-lä-rräck oll-ma-de)

Fark etmez!   Macht nichts!
(farrck ätt-mäs)

Hadi koş!   Los, renn!
(ha-di kosch)

● Was sagt Murat im ersten Abschnitt?
Suche die Übersetzung im türkisch-deutschen Wörterbuch.
Verbinde mit einem langen Papierstreifen.

● Ordne jedem Abschnitt eine passende Überschrift zu.
Schreibe sie auf Papierstreifen. Vergleiche mit einem Partnerkind.

Felix wird wütend   Das hat wehgetan

Sinan will Fußball spielen   Ein starkes Team

○ bei Verständnisschwierigkeiten Verstehenshilfen anwenden: nachfragen,
  Wörter nachschlagen, Text zerlegen
○ zentrale Aussagen eines Textes erfassen und wiedergeben   AH S.31   105

Wer gibt nach?

Das Telefon klingelt. Moritz ist dran.

„Magst du Fußball spielen?", fragt er.

„Klar!", antworte ich.

„Kommst du zu mir?", fragt er.

5 „Komm du doch zu mir!", antworte ich.

„Nö", sagt er.

„Doch", sage ich.

„Wieso trefft ihr euch nicht auf halbem Weg?",
schlägt Mama vor.

10 „Einverstanden", sagen wir beide.

Wir spielen Fußball, bis wir müde sind.

„Und was machen wir jetzt?", frage ich.

„Wir können malen", sagt er.

Aber dazu habe ich keine Lust.

15 „Wir können Fahrrad fahren", schlage ich vor.

Moritz schüttelt den Kopf.

Bestimmt langweilen wir uns gleich wieder,
weil wir uns nicht einigen können.

Anne Maar

● Suche dir ein Kind zum **Partnerlesen**.
  Übt gemeinsam, den Text flüssig vorzulesen.

● Moritz möchte Fahrrad fahren. Stimmt das? Suche die Stelle im Text.

● Welche Überschrift passt auch zum Text?
  Ganz schön schwierig   **Eine tolle Fahrradtour**   **Jeder will was anderes**

◎ altersgemäße Texte sinnverstehend lesen – **Basis**
◎ Aussagen mit Textstellen belegen
◎ zentrale Aussagen eines Textes erfassen und wiedergeben

Die Geschichte von den beiden Heuhüpfern

Einmal haben zwei Heuhüpfer sich gezankt. Der eine hat gesagt:
„Ich bin der beste Heuhüpfer! Ich kann viel höher hüpfen als du!"
Und er ist auf einen hohen Baum gehüpft.
Der andere Heuhüpfer hat gesagt: „Nein! Ich bin der beste Heuhüpfer!
5 Ich kann viel weiter hüpfen als du."
Und er ist mit einem riesigen Sprung über die ganze Wiese gehüpft.
Der Heuhüpfer auf dem Baum hat geschrien:
„Sieh mich! Sieh mich! Wie hoch ich hüpfen kann!"
Und der Heuhüpfer in der Wiese hat geschrien:
10 „Sieh mich! Sieh mich! Wie weit ich hüpfen kann!"
Aber keiner hat den anderen gesehen,
und keiner hat den anderen gehört.
Der eine hat viel zu hoch oben im Baum gesessen,
und der andere hat viel zu weit weg im Gras gesessen.
15 Den ganzen Tag haben sie geschrien und geschrien,
und das war sehr langweilig.
Am Abend ist der eine endlich wieder vom Baum gehüpft,
und der andere ist endlich wieder über die Wiese zurückgehüpft.
Der eine hat gesagt: „Du bist der beste Weithüpfer!"
20 Und der andere hat gesagt: „Du bist der beste Hochhüpfer!"
Und sie haben sich wieder vertragen.

Ursula Wölfel

🔴 Suche dir ein Kind zum **Partnerlesen.**
   Übt gemeinsam, den Text flüssig vorzulesen.

🔴 Wie lange haben die beiden Heuhüpfer geschrien? Suche die Stelle im Text.

Leicht und schwer

Es ist leicht,
andere zu beschimpfen:
Du Quatschkopf!
Du Rindvieh!
Du Sauertopf!
Du Depp!
Du Miesepeter!
Du Idiot!
Du Nasenbär!
Du Schwein!
Da findet man
ohne langes Überlegen
schnell die passenden Worte.

Es ist schwer,
anderen etwas Nettes zu sagen:
Du
Du
Du
Du
Du
Du
Du
Du
Da findet man
trotz langem Überlegen
schwer die passenden Worte.

Manfred Mai

⭐ Finde passende nette Worte
für deinen Freund oder
deine Freundin.
Schreibe die Worte auf
ein Freundschaftsband
und verschenke es.
Oder:
Nutze die Worte für einen
Brief an deinen Freund
oder deine Freundin.

Im Frühling

Frühling ist dann,
wenn dein Fuß
auf drei Gänseblümchen
gleichzeitig treten kann.

Schwerpunkt-Bildungsstandards in diesem Kapitel:
- Geschichten, Gedichte und Dialoge vortragen, auch auswendig
- Texte begründet auswählen

So kannst du ein Gedicht auswendig lernen

Tipp 1: Bilder zum Gedicht malen

- Male zu jeder <u>Strophe</u> des Gedichts ein Bild.
- Versuche, die Strophe auswendig zu sprechen. Nutze das Bild.

Tipp 2: immer mehr Text abdecken

- Setze einige Spielsteine auf den Text. Versuche, die verdeckten Stellen auswendig zu sprechen.
- Decke immer mehr Text ab, bis du das ganze <u>Gedicht</u> auswendig sprechen kannst.

grün grün
riecht im Garten die ⬭.
Grün grün grün
hat einen köstlichen Duft.

Grün grün grün
hat einen köstlichen Duft.

Tipp 3: das Gedicht aufnehmen

- Lies das Gedicht laut und nimm deinen Vortrag auf.
- Höre das Gedicht immer wieder ab und sprich dabei laut mit.

Grün

Grün grün grün
riecht im Garten die Luft.
Grün grün grün
hat einen köstlichen Duft.

Der Wind in den Blättern
summt ein grünes Lied,
das man im Sonnenschein
funkeln sieht.

Mit dem Kopf im Nacken,
unter Linden, Buchen oder Föhren*,
kannst du das Grüne
sehen, spüren, riechen und hören.

Elisabeth Schawerda

*die Föhre: eine Kiefer

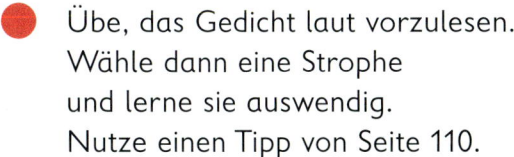

● Übe, das Gedicht laut vorzulesen.
Wähle dann eine Strophe
und lerne sie auswendig.
Nutze einen Tipp von Seite 110.

● Was kannst du im Frühling riechen, sehen,
hören oder spüren? Sammle Wörter.
Schreibe ein eigenes Frühlingsgedicht.

Frühling …

Ich rieche …

Ich sehe …

Ich höre …

Ich spüre …

● Geschichten, Gedichte und Dialoge vortragen, auch auswendig
● handelnd mit Texten umgehen: z.B. illustrieren, inszenieren, umgestalten, collagieren

111

Die Tulpe

Dunkel
war alles und Nacht.
In der Erde tief
die Zwiebel schlief,
die braune.

Was ist das für ein Gemunkel,
was ist das für ein Geraune,
dachte die Zwiebel,
plötzlich erwacht.
Was singen die Vögel da droben
und jauchzen und toben?

Von Neugier gepackt,
hat die Zwiebel einen langen Hals gemacht
und um sich geblickt
mit einem hübschen Tulpengesicht.

Da hat ihr der Frühling entgegengelacht.

Josef Guggenmos

Meine Tulpe
Du brauchst:
- eine braune Kaffeefiltertüte
- rotes und grünes Seidenpapier
- ein Holzstäbchen
- Klebstoff, eine Wattekugel

🔴 Lerne das Gedicht auswendig.
Nutze einen Tipp von Seite 110.

🌈 Spiele das Gedicht mit einer selbst gebastelten Tulpe nach.
Oder: Spiele selbst die Tulpe.

Geschichten, Gedichte und Dialoge vortragen, auch auswendig
handelnd mit Texten umgehen: z.B. illustrieren, inszenieren, umgestalten, collagieren   **AH** S.33

Frühlingsboten

Blümchen am Wege,
Blümchen am Stege*,
Blümchen, blüh,
Frühling ist hie**!

Volksgut

Und aus der Erde schauet nur
alleine noch Schneeglöckchen,
so kalt, so kalt ist noch die Flur***,
es friert im weißen Röckchen.

Theodor Storm

Der Frühling kommt oft unverhofft
in unsern kleinen Garten.
Hat gar nicht an das Tor geklopft,
weiß, dass wir auf ihn warten.

Janosch

Die Glockenblume
mit ihrem Gebimmel
so schmetterlingsleise –
ist blau wie der Himmel.

Heinz Kahlau

Veilchen stellt ein braves Kind
in ein Glas, wenn es sie find't.
Findet sie jedoch die Kuh,
frißt sie sie und schmatzt dazu.

Bertolt Brecht *

* kleine Brücke
** hier
*** der Boden, das Feld
* Dieser Text verwendet
die bis 1998 gültige,
heute überholte
Rechtschreibung und
Zeichensetzung.

 Lies dein Lieblingsgedicht einem Partnerkind vor.
Du kannst es auch auswendig vortragen.

Ostermorgen

Der Garten dick verschneit. „Ah!" – „Oh!" –
Die ganze Familie staunt.
„Eierverstecken fällt in diesem Jahr aus",
erkläre ich.
Widerspruch: „Versteckt wird!"
„Na gut, aber im Hause."
„Nein, im Garten."

Ich ziehe los, Spankorb am Arm.
Hier ein Grasbüschel,
da eine Astgabel*.
Ich wende alle List** an,
um die bunte Eierfuhre
in ein Versteck zu bringen.

Aufbruch in die Winterstille des Ostermorgens:
Frau, Tochter, Sohn. Hallodria. Geschrei.
Nach kurzer Zeit sind
alle Geschenke wieder im Korbe.
„Das ging aber rasch", sage ich.
„… ǝǝuɥɔS ɯᴉ uǝɹndS ǝuᴉǝp – ʇsunʞ ǝuᴉǝʞ"

Werner Lindemann

 * Stelle, an der sich ein Ast verzweigt
** kluger Einfall

● Wer ist wohl mit „ich" gemeint? Tausche dich mit einem Partnerkind aus.

● Die Ostergeschenke wurden schnell gefunden. Erkläre, warum.

○ zentrale Aussagen eines Textes erfassen und wiedergeben
○ gezielt einzelne Informationen suchen

Kleine Ostergeschenke

Osterkarte

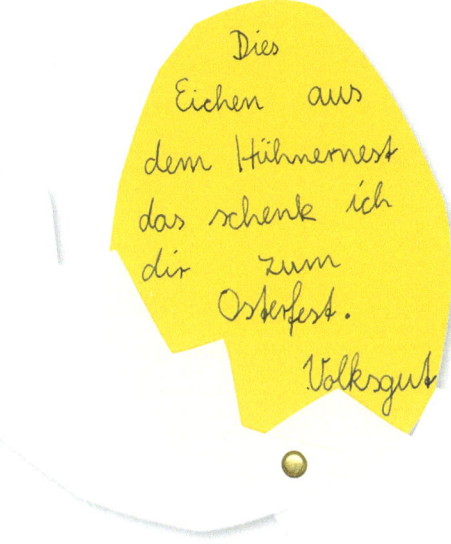

Dies
Eichen aus
dem Hühnernest
das schenk ich
dir zum
Osterfest.

Volksgut

Osterüberraschung

Du brauchst:

eine leere Streichholzschachtel   eine Schere   Farbstifte

weißes Papier   Klebstoff   etwas Ostergras

So geht es:

1. Beklebe die Streichholzschachtel
   außen mit weißem Papier.
2. Schreibe „Frohe Ostern" oben auf
   die Schachtel. Male dazu.
3. Klebe in die Schachtel etwas Ostergras.
4. Zeichne auf weißes Papier
   einen Osterhasen oder ein Osterlamm.
   Schneide die Figur aus und klebe sie
   auf das Ostergras.
5. Schiebe nun die Streichholzschachtel zusammen.

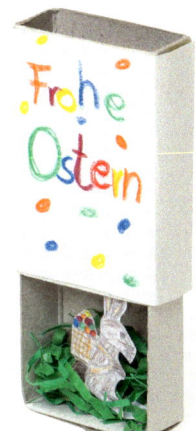

 Wähle eine Idee aus und gestalte dein Ostergeschenk.

Magazinseiten

1 Welches Glöckchen läutet nicht?

2 Es blüht versteckt, blau und bescheiden, den süßen Duft mag jeder leiden. Welche Blume ist das?

3 Welcher Vogel kehrt im Frühling zurück und legt seine Eier in fremde Nester?

4 Welche Blume ist nach einem wilden Tier benannt?

5 Welches Kätzchen fängt keine Maus?

7 Er nistet auf den Dächern, hat lange, rote Beine, weiße, große Flügel, einen langen Schnabel und legt Eier. Wer ist das?

6 Welche Blume würde dir gerne helfen, Türen zu öffnen?

8 Was ist das? Ein Haus voll Essen, die Tür vergessen.

Welche Blume ist nach einem wilden Tier benannt?

Ich schreibe einige Rätsel auf und mache daraus einen Rätselblock.

Wer ist der schnellste Zungenbrechersprecher?

Im Frühling frühstückt Fritz frühmorgens vorzüglichen Früchtequark.
Frau Schmitt schnitt schönen Schnittlauch für ihre Schnittlauchschnitte.
Blaue Blumen blühen bald im Beet, im Beet blühen bald blaue Blumen.

1. Übung zum Überprüfen der Sinnerwartung
2. Übung zur Segmentierung

Lösungen S.196

Drei faule Eier gesucht

Eierbecher, Eigelb, Eiersalat, Eistüte, Eierkuchen

Glockenblume, Frühlingsbluse, Schlüsselblume, Ringelblume

Osterhase, Ostereier, Ostsee, Ostergeschenke, Ostermorgen

Kuckuck, Kuckuck,

ruft's aus dem ✹✹✹ .

Lasset uns singen,

tanzen und ✹✹✹ ,

Frühling, Frühling,

wird es nun ✹✹✹ .

Heinrich Hoffmann von Fallersleben

bald   Wald   springen

Häschenwitz

Häschen trifft einen Fisch
und fragt:
„Haddu Schuppen?"
„Natürlich", sagt der Fisch.
Darauf das Häschen:
„Muddu Haare waschen."

Ei Ei

Welches Tier legt welche Eier?

1 Huhn   2 Schlange   3 Schmetterling   4 Schnecke

1. Übung zum Überprüfen der Sinnerwartung
2. Übung zum Aufbau der Sinnerwartung
3.–4. Übungen zum Überprüfen der Sinnerwartung   **Lösungen** S.196   117

Störche

Es ist April.
Die Störche sind aus Afrika zu uns zurückgekehrt.
Mit ihrem weißen Gefieder und den schwarzen Flügeln
sind sie schon von Weitem zu sehen.

5 Storch und Störchin bauen auf hohen Dächern
und Schornsteinen gemeinsam ihr Nest.
In ihrem langen, roten Schnabel schleppen sie
Zweige heran und flechten geschickt
ein großes Nest. Die flache Mulde
10 polstern sie mit trockenem Gras,
Federn und Papierfetzen aus.

Mitte April legt die Störchin 3 bis 5 Eier in das Nest.
Die Storcheneltern wechseln sich beim Brüten ab.
Nach etwa 30 Tagen schlüpfen die Jungen.
15 Sie werden von Storch und Störchin gemeinsam gefüttert.

Auf feuchten Wiesen und Äckern stelzen* sie
mit ihren langen, roten Beinen umher.
Sie suchen für sich und ihre Jungen
Frösche, Mäuse, Maulwürfe und Schlangen.
20 Auch Würmer und Insekten fressen sie.

Störche sind Zugvögel. Im August
fliegen sie in großen Gruppen
in ihr Winterquartier.

*gehen

● Ordne jedem Abschnitt des Sachtextes eine passende Überschrift zu.
Schreibe sie auf Papierstreifen. Vergleiche mit einem Partnerkind.

So bauen Störche ihr Nest   Das fressen Störche   Rückkehr aus Afrika

Abflug ins Winterquartier   So ziehen Störche die Jungen auf

○ zentrale Aussagen eines Textes erfassen und wiedergeben   AH S.32

„Live" im Storchennest

Wenn du im Internet auf die Seite **www.storchennest.de** gehst, dann kannst du über den Link „Live-Video" ein Storchennest in Vetschau (Spreewald) „live" beobachten. Das heißt, du kannst genau sehen und hören, was gerade in diesem Storchennest passiert. Außerdem gibt es dort viel Wissenswertes über Störche zu lesen.

Ein Storch beim Abflug

Schnabel: 15 cm

Spannweite der Flügel: 2 m

Wusstest du schon?
Störche werden meist acht bis zehn Jahre alt. Sie können aber auch bis zu 35 Jahre alt werden.

 Suche die Informationen auf dieser Doppelseite.
- Wie viele Eier legt die Störchin im April ins Nest?
- Wie alt werden Störche meistens?
- Wie lang ist der Schnabel eines Storchs?

Wissenswertes über das Rotkehlchen

Weißt du, was ein Rotkehlchen ist?

Das Rotkehlchen ist ein kleiner Vogel.
Es ist etwa so groß wie ein Spatz.

Warum hat das Rotkehlchen
diesen Namen?

Der Vogel wird so genannt,
weil seine Kehle*
und seine Brust orangerot sind.

Rotkehlchen

Wie viele Eier legt das Rotkehlchen
im Frühling in sein Nest?

Ungefähr fünf bis sieben Eier
legt das Rotkehlchen in sein Nest.

Was fressen Rotkehlchen?

Sie fressen Insekten, Würmer, Spinnen,
Schnecken, Larven und Käfer.

Spatz

Weißt du noch etwas Besonderes
über das Rotkehlchen?

Rotkehlchen singen vom frühen Morgen
bis zum späten Abend.

* Kehle: Teil des Halses

● Suche dir ein Kind zum **Partnerlesen**.
  Übt gemeinsam, den Text flüssig vorzulesen.

● Welche Textstelle passt zum dritten Bild?
  Verbinde mit einem Papierstreifen.

○ altersgemäße Texte sinnverstehend lesen – **Basis**
○ gezielt einzelne Informationen suchen

Rotkehlchen

1 Rotkehlchen auf dem Zweige hupft,

2 wipp, wipp,

3 hat sich ein Beerlein abgezupft,

4 knipp, knipp,

5 lässt sich zum klaren Bach hernieder,

6 tunkt's Schnäblein ein und hebt es wieder,

7 stipp, stipp, stipp, stipp,

8 und schwingt sich wieder in den Flieder.

9 Es singt und piepst

10 ganz allerliebst,

11 zipp, zipp, zipp, zipp tirilli,

12 sich seine Abendmelodie,

13 steckt's Köpfchen dann ins Federkleid

14 und schlummert bis zur Morgenzeit.

Wilhelm Busch

● Suche dir ein Kind zum **Partnerlesen**.
Übt gemeinsam, den Text flüssig vorzulesen.

● Denke dir für die Zeilen 2, 4, 7 und 11 passende Bewegungen aus.
Probiere auch verschiedene Sprechweisen aus.
Trage das Gedicht zusammen mit deinem Partnerkind vor.

○ altersgemäße Texte sinnverstehend lesen – **Erweiterung**
○ Geschichten, Gedichte und Dialoge vortragen, auch auswendig

121

„Ich hab dich lieb"-Tage im Frühling

Ich hab dich so lieb!
Ich würde dir ohne Bedenken
Eine Kachel aus meinem Ofen
Schenken.

Joachim Ringelnatz

Du, ich hab dich lieb.
Kommt einmal ein Dieb,
und der will dich klauen,
werd ich ihn verhauen!

Angela Sommer-Bodenburg

Ich freue mich, wenn ich dich seh.
Ich finde dich so nett.
Ich schenke dir mein H und E
mein R und auch mein Z.

Frantz Wittkamp

Ich liebe dich so fest
wie der Baum seine Äst,
wie der Himmel seine Stern,
so hab ich dich gern.

Volksgut

I love pink
I love blue
But best of all,
I love you.

★ Schreibe dein Lieblingsgedicht in ein Herz, eine Sonne oder eine Blume.
An wen möchtest du es verschenken?
Oder:
Lerne dein Lieblingsgedicht auswendig. Wem möchtest du es schenken?

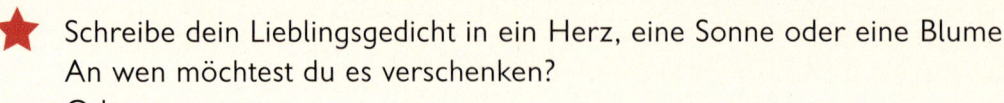

122

○ Texte begründet auswählen
○ Geschichten, Gedichte und Dialoge vortragen, auch auswendig
○ handelnd mit Texten umgehen: z.B. illustrieren, inszenieren, umgestalten, collagieren   **AH** S.35

Mit Tieren leben

Auf der Erde neben mir
sitzt das große schwarze Tier.
Manchmal leckt es meine Wange,
denn wir kennen uns schon lange.

Frantz Wittkamp

Schwerpunkt-Bildungsstandards in diesem Kapitel:
◗ Texte mit eigenen Worten wiedergeben
◗ verschiedene Sorten von Sach- und Gebrauchstexten kennen

123

So kannst du einen Text mit eigenen Worten wiedergeben

Tipp 1: wichtige Wörter herausschreiben

- Lies jeden Abschnitt einzeln.
- Schreibe etwa fünf bis sieben wichtige Wörter heraus.
- Erzähle den Inhalt des Textes. Nutze deine Wörter.

3: Nagezähne zu lang
nicht richtig zubeißen
Tierarzt

Tipp 2: Sätze formulieren

- Lies jeden Abschnitt einzeln.
  - Worum geht es?
  - Was ist das Wichtigste?
- Schreibe es als Satz auf.
- Erzähle den Inhalt des Textes. Nutze deine Sätze.

3: Wenn die Nagezähne
zu lang sind, kann
der Tierarzt helfen.

Tipp 3: Bilder zum Text malen

- Lies die Abschnitte.
- Male zu jedem Abschnitt ein passendes Bild.
- Erzähle den Inhalt des Textes. Nutze die Bilder.

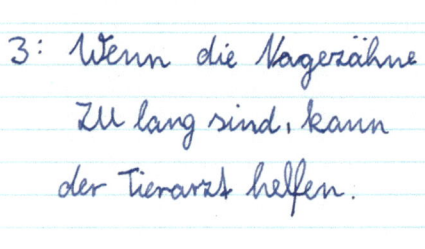

Wie pflegen Nagetiere ihre Zähne?

Die Zähne von Meerschweinchen, Ratten
und anderen Nagern wachsen ständig.
Daher brauchen diese Tiere immer etwas
zu nagen, um ihre Nagezähne kurz zu halten.
Die Zähne nutzen sich beim Nagen ab.

In ihren Käfigen brauchen Meerschweinchen
und andere Nager, die als Haustiere gehalten
werden, daher kleine Holzstückchen
zum Zernagen. Auch bissfeste Nahrung
ist wichtig, zum Beispiel Möhren.

Sind die Nagezähne doch einmal ein
kleines Stück zu lang geworden, können
die Tiere nicht mehr richtig zubeißen.
Dann kann nur der Tierarzt helfen.
Er feilt die Zähne auf die richtige Länge
zurecht.

Wenn die Tiere frei in der Wohnung
herumlaufen, kann es aber auch passieren,
dass sie ihre Zähne an einem Tisch
oder Stuhlbein pflegen. Dann
hinterlassen sie dort oft Nagespuren.

1 – Nager:
   Zähne wachsen
 – kurz halten, nagen

2 – Käfig mit
   Holzstückchen
 – bissfeste Nahrung

3 _____
  _____
  _____
  _____

4 _____
  _____
  _____
  _____

🔴 Schreibe die ersten beiden Kärtchen ab.
   Ergänze die Kärtchen zu den Abschnitten 3 und 4.

🔴 Suche dir ein Partnerkind. Deckt den Text ab.
   Informiert euch abwechselnd über den Inhalt
   des Textes. Nutzt eure Kärtchen.

Das Kaninchen

Das Kaninchen stammt vom Wildkaninchen ab und kommt ursprünglich aus Spanien. Mittlerweile gibt es über 35 verschiedene Rassen. Ein ausgewachsenes Kaninchen ist zwischen 35 und 45 cm groß. Es gibt Kaninchen in vielen verschiedenen Farben, z.B. Schneeweiß, Graubraun oder Nachtschwarz.

Ein Kaninchen frisst am liebsten Gräser, Grünfutter oder Heu. Obst und Gemüse ergänzen das Futter. Harte Zweige sorgen dafür, dass die Zähne scharf bleiben und nicht zu lang werden. Im Frühling und Sommer findet das Kaninchen auf einer grünen Wiese die beste Nahrung.

Ein Kaninchen kann man zu Hause in einem Gehege halten. Ein Gehege in der Wohnung muss regelmäßig gereinigt werden. Auch im Garten benötigt ein Gehege eine gute Pflege. Die Näpfe müssen täglich gründlich gespült und frisch gefüllt werden.

Ein Kaninchen ist nicht gern allein und braucht andere Lebewesen um sich. Deshalb sollte man immer zwei etwa gleich alte Kaninchen zusammen halten.

● Schreibe zu jedem Abschnitt einen passenden Satz auf.

Es gibt viele verschiedene Kaninchenarten, die unterschiedlich groß sind.

● Gib den Inhalt der Abschnitte mithilfe deiner Sätze wieder.

Das Gehege drinnen muss man häufig reinigen.

● Wie würden deine Kaninchen auf der Wiese oder im Gehege aussehen? Zeichne sie oder schreibe es auf.

○ Texte mit eigenen Worten wiedergeben
○ lebendige Vorstellungen beim Lesen und Hören literarischer Texte entwickeln

Inga

Als Inga aus der Schule nach Hause kam,
war der Vater so komisch.
„Ist etwas?", fragte sie.

„Es ist etwas Trauriges passiert.
Dein Häschen ist tot", sagte er.

Einen Augenblick war Inga ganz still,
dann füllten sich ihre Augen mit Tränen.

Der Vater nahm sie in die Arme.

„Wo ist Nischka? Kann ich ihn sehen?",
fragte sie.

„Ich habe ihn draußen im Garten
zwischen den beiden Büschen begraben",
sagte der Vater.

„Ich hätte ihn doch so gern
noch einmal gesehen",
sagte Inga und ging hinaus.

Nach einiger Zeit kam sie zurück
und ging in ihr Zimmer.

Arnold Grömminger

🔴 Es ist etwas Trauriges passiert. Erzähle.

🌈 Warum hätte Inga das Häschen gern noch einmal gesehen?
Tausche dich in einer Lesekonferenz aus.

⚪ Texte mit eigenen Worten wiedergeben
⚪ bei der Beschäftigung mit literarischen Texten Sensibilität und Verständnis
für Gedanken und Gefühle und zwischenmenschliche Beziehungen zeigen   **AH** S.37   127

Alles für die Katz

Kater entlaufen

Am Sonnabend, dem 17.03,
ist unser Kater Willi entlaufen.
Er ist schwarz und hat einen
weißen Fleck auf der Brust.
Bitte melden Sie sich bei uns,
wenn Sie ihn sehen.
Tel: 225 81 09

INTERNATIONALER
IMPFPASS FÜR KATZEN

Ihr nächster Termin

Katzenpension

ÖFFNUNGSZEITEN
Mo-Sa 11:00 - 19:00
sonn- und feiertags geschlossen

```
••••  Utes Tierparadies  ••••

FressFit                        3.99 A
Trockenfutter  1kg              2.95 A
8x      0.69
Katzi Beutel 100g               5,52 A


Summe               EUR  12,46


=================================
Nettobetrag         EUR  11.59
MWST A  7.00%        EUR   0.87


Es bediente Sie Frau Schmidt
20.02.2015   16:27     Kasse 1
```

 Schreibe die Textarten auf
Papierstreifen.
Ordne sie den Texten zu.
- Informationstafel
- Kassenzettel
- Suchanzeige
- Impfpass

Am liebsten eine Katze

Fiona erzählt von ihrem größten Wunsch.

Ich mag Tiere. Am liebsten hätte ich eine Katze.
Aber ich darf keine haben.
„Wer saugt die ganzen Katzenhaare weg?
5 Wer wischt auf, wenn sie eine Pfütze
auf den Teppich macht? Und wer füttert sie
und macht das Katzenklo sauber?", fragt Papa.
„Das mache ich", antworte ich.
„Du würdest es die Hälfte der Zeit vergessen",
10 sagt Mama. „Stimmt gar nicht", erwidere ich.

Meine Katze würde Minky heißen oder Fernando,
je nachdem. Sie wäre schwarz-weiß oder rot getigert
und sie würde schnurren, wenn ich sie streichle.
Sie dürfte in einem Körbchen mit einem weichen Kissen
15 neben meinem Bett schlafen und am Morgen würde sie mich wecken.
Mit einer samtenen Pfote würde sie an meine Wange stupsen
und leise miauen, bis ich die Augen aufmache.
Wenn ich von der Schule käme,
würde sie am Gartenzaun sitzen und auf mich warten.

Karin Koch

● Wie würde Fionas Katze heißen?
  Lies im 2. Abschnitt nach.

● Wünschst du dir ein Tier?
  Schreibe oder erzähle, wie es mit ihm sein könnte.

Ich hätte gern einen Papagei. Mit ihm würde ich …

○ gezielt einzelne Informationen suchen
○ handelnd mit Texten umgehen: z.B. illustrieren, inszenieren, umgestalten, collagieren

129

Wem gehören diese Füße?

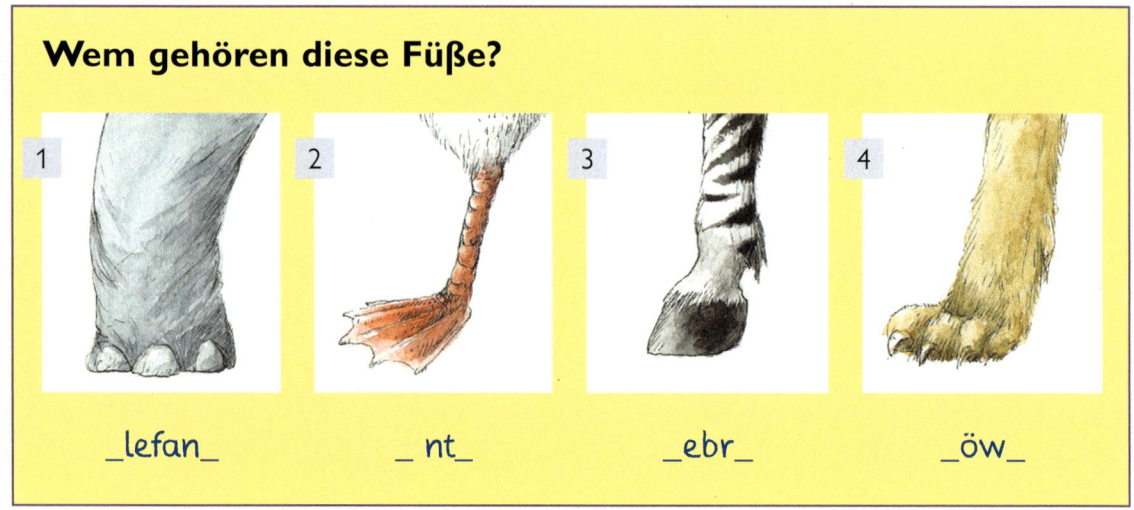

lefan   _ nt_   _ebr_   _öw_

Welche Tiere haben sich in den Wörtern versteckt?

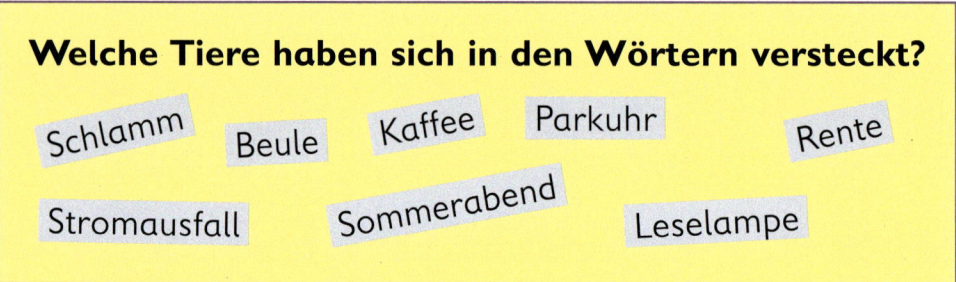

Schlamm   Beule   Kaffee   Parkuhr   Rente

Stromausfall   Sommerabend   Leselampe

Was gehört zusammen?

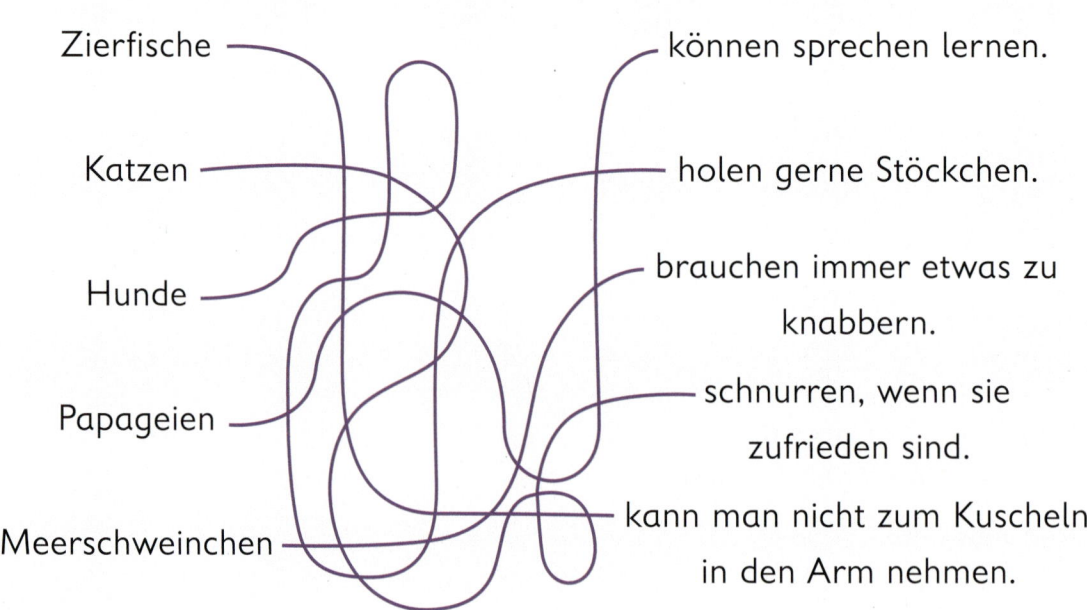

Zierfische   können sprechen lernen.

Katzen   holen gerne Stöckchen.

Hunde   brauchen immer etwas zu knabbern.

Papageien   schnurren, wenn sie zufrieden sind.

Meerschweinchen   kann man nicht zum Kuscheln in den Arm nehmen.

1. Übung zum Aufbau der Sinnerwartung
2. Übung zur Segmentierung
3. Übung zum Aufbau der Sinnerwartung

130

Lösungen S.196

Wer ist der schnellste Zungenbrechersprecher?

Es klapperten die Klapperschlangen,
bis ihre Klappern schlapper klangen.

Braune Bären bringen ihren
Brüdern bunte Beeren.

Zweiundzwanzig Zeisige
zwitschern auf zweiundzwanzig
Zwetschgenzweigen.

Knobelei

Lene hat drei Hasen: Toni,
Hoppel und Lolo.
Lolo ist größer als Hoppel.
Toni ist auch größer als Hoppel,
aber kleiner als Lolo.
Hoppel ist kleiner als Toni.
Welcher Hase ist am größten?

Tierische Scherzfragen

Was ist beim Elefanten klein
und bei der Laus groß?

Welcher Hase läuft auf zwei Beinen?

Welche fünf Tiere verstecken sich in der Hecke?

| VO | SPIN | FER | RAT | PE |
| KÄ | TE | NE | RAU | GEL |

Der beste Hund der Welt

Jack schreibt in sein Tagebuch,
wie er seinen Hund bekommen hat.

24. Januar

Wir wollten wegfahren, und mein Vater hat gesagt:
Wir bleiben nicht lang weg – komm doch mit,
also bin ich mit, und wir sind gefahren und gefahren,
und wir hielten vor einem roten Haus
mit einem Schild: TIERHEIM.

Und wir gingen rein, einen langen grauen Gang entlang,
vorbei an Zwingern mit lauter verschiedenen Hunden,
großen und kleinen, dicken und dünnen, manche kauerten in der Ecke,
aber die meisten kläff-kläff-kläfften und sprangen am Gitter hoch,
als wir vorbeikamen, als würden sie sagen:
Nimm mich! Mich! Mich! Ich bin der Beste!

Und da sahen wir den gelben Hund, er stand am Gitter
und streckte die Pfoten durch den Maschendraht,
und seine lange rote Zunge hing raus,
und seine großen schwarzen Augen waren ein bisschen traurig,
und sein langer Schwanz wedel-wedel-wedelte,
als würde er sagen: *Mich-mich-mich! Nimm mich!*

Und so war's dann auch. Wir nahmen ihn.

Und im Auto legte er den Kopf an meine Brust
und die Pfoten auf meinen Arm,
als würde er sagen: *Danke-danke-danke.*

Sharon Creech

MEIN GELBER HUND
von Jack

KopfKopf

KörperKörperKörper   pf   Ko

Schwanz gelb   Körper   Ko AUGE pf   schnüffel

b   gelb gelb   Körper   r   O   Nase   schnüffel

l   g   Körper   e   H   Nase   schnüffel

e   e   Körper   p   R   Kopf

g   l   Körper   r

b   b   Körper   ö   sabber

l   Körper   K   sabber

wedel   e   KörperKörperKörper   sabber

wedel   g   Bein   Bein

wedel   Bein Bein   Bein Bein

Bein   Bein

Bein   Bein

Bein   Bein

Bein   Bein

Pfote   Pfote

● Der Text an der Wand auf Seite 132 ist:
  • eine Werbebroschüre • eine Informationstafel • ein Rezept

● Betrachte den Text **Mein gelber Hund**. Was fällt dir auf?
  Tausche dich mit einem Partnerkind darüber aus.

● Gestalte mit Schrift ein eigenes Tier.

○ Erzähltexte, lyrische und szenische Texte kennen und unterscheiden
○ verschiedene Sorten von Sach- und Gebrauchstexten kennen
○ handelnd mit Texten umgehen: z.B. illustrieren, inszenieren, umgestalten, collagieren

133

Kleine Katze

Augen blinzeln
Streicheln fein
Katze schnurrt

Marzipanschwein gefressen
Handschuh verschleppt
Stoffmaus bekämpft

Franz Marc: Die weiße Katze

Lockenwickler gejagt
Sofa bepinkelt
Telefonbuch zerfetzt

Ins Schaumbad gefallen
Am Vorhang geturnt
Erfolgreicher Tag

Katze müde
Streicheln fein
Augen zu

Chantal Schreiber

🔴 Suche dir ein Kind zum **Partnerlesen**.
Übt gemeinsam, den Text flüssig vorzulesen.

🌈 Betrachte das Bild. Was könnte die Katze heute schon erlebt haben?
Erzähle ihre Geschichte einem Partnerkind.

○ altersgemäße Texte sinnverstehend lesen – **Basis**
○ handelnd mit Texten umgehen: z.B. illustrieren, inszenieren, umgestalten, collagieren

Was du einen Tierarzt schon immer fragen wolltest

Herr Schmidt, wollten Sie schon als Kind Tierarzt werden?
Nicht direkt. Ich hab mich erst als Jugendlicher dazu entschlossen,
Tierarzt zu werden, da mein Vater schon Tierarzt war.

Was war das ungewöhnlichste oder exotischste Tier,
5 das Sie je behandelt haben?
Wir hatten hier schon einen Luchs, weiße Tiger aus dem Zirkus
und natürlich auch Exoten wie Schlangen, Chamäleons oder
Bartagamen.

Was ist Ihrer Meinung nach das Schönste an Ihrem Beruf?
10 Es ist schön, den Tieren helfen zu können.
Es ist auch schön zu sehen,
wie man die Menschen glücklich machen kann,
wenn man ihren Tieren hilft.

Hat es Sie am Anfang Überwindung gekostet, ein Tier einzuschläfern?
15 Ja, das tut es heute immer noch.

Haben Sie selber Haustiere?
Zurzeit haben wir zu Hause nur eine Schildkröte,
aber wir hatten auch schon ein Pferd, einen Hund und Kaninchen.

🔴 Suche dir ein Kind zum **Partnerlesen**.
Übt gemeinsam, den Text flüssig vorzulesen.

🔴 Was ist das:
- eine Einladung?
- eine Suchanzeige?
- eine Visitenkarte?

Gottfried Schmidt
Praktizierender Tierarzt

39114 Magdeburg · Domstraße 14
Tel.: 0391/85 47 45 99
Sprechzeiten: Mo.–Fr. 15:00–19:00 Uhr

Ein Gespräch

Das Schaf, es fragt den Bauern:

„Was machst denn du?"

Der sagt: „Na, schau doch zu!

Ich säe."

Der Bauer fragt das Schaf:

„Und was machst du?"

Das sagt: „Na, hör doch zu!

Ich mähe!"

Paul Maar

 Lest das Gedicht mit verteilten Rollen
oder spielt es mit Stabpuppen.

○ Geschichten, Gedichte und Dialoge vortragen, auch auswendig
○ handelnd mit Texten umgehen: z. B. illustrieren, inszenieren, umgestalten, collagieren

Bei uns und anderswo

Was ich dir wünsch?
Ich weiß schon was!
Ich wünsch dir eine Reise.
Ich stell dir einen Fahrschein aus.
Sag nur, wohin! Sag's leise!

Elisabeth Borchers

Schwerpunkt-Bildungsstandards in diesem Kapitel: ● Informationen in Druck- und – wenn vorhanden –
elektronischen Medien suchen ● Angebote in Zeitungen und Zeitschriften, in Hörfunk und Fernsehen,
auf Ton- und Bildträgern sowie im Netz kennen, nutzen und begründet auswählen

137

So kannst du schnell Informationen in verschiedenen Medien finden

Tipp 1: sich an den Überschriften orientieren

Viele Texte haben (verschiedene) Überschriften.

Lies zuerst die Überschriften.

Sie geben dir einen Tipp,

worum es im Text geht.

> Super, hier finde ich sicher Tricks, wie ich chinesisches Essen mit Stäbchen essen kann …

Tipp 2: sich an Bildern orientieren

Viele Texte haben Bilder. Betrachte die Bilder vor dem Lesen.

Sie geben dir einen Tipp, worum es im Text geht.

> Ah, in dem Text geht es darum, wie Menschen in der Wüste wohnen.

Tipp 3: sich an einem Inhaltsverzeichnis orientieren

Bücher und Zeitschriften haben ein Inhaltsverzeichnis.

Auf Internetseiten findest du oft eine Inhaltsübersicht.

Du erfährst, wo du etwas zum Thema findest.

> Ich suche ein Nudelrezept aus Italien. Ich klicke auf den Link *Rezepte aus aller Welt*.

Wie Menschen wohnen – überall auf der Welt

In unserem Zuhause fühlen wir uns sicher und geborgen.
Es bietet uns Schutz vor dem Wetter.
Überall auf der Welt wohnen Menschen unterschiedlich.

Wohnen auf dem Wasser

Einige Menschen arbeiten an
und auf Flüssen. Oft wohnen sie
deshalb auf einem Hausboot.

Ein rollendes Haus

Manche Menschen nehmen ihr Haus
auf Rädern mit, wenn sie umziehen.

Auf dem Baum zu Hause

Die Korowai leben im
indonesischen Dschungel. In ihren
Baumhäusern sind sie vor
gefährlichen Tieren geschützt.

Ein Haus aus Schnee

Wenn die Inuit in Grönland
wochenlang auf der Jagd
umherziehen, bauen sie sich
ein Iglu: ein Haus aus Schnee.

● Lies nur die Überschriften und betrachte die Fotos.
Worum geht es auf dieser Seite?

Die Welt der Sprachen

Mit einer Sprache aufwachsen

Oft wachsen Menschen als kleine
Kinder nur mit einer Sprache auf.
Das ist ihre *Muttersprache* oder *Erstsprache*.

> Können wir alle zusammen zum Spielplatz gehen?

> Tolle Idee! Frag Mama, ob sie auch Zeit hat.

5 ## Mit mehreren Sprachen aufwachsen

Manche Eltern kommen
aus unterschiedlichen Ländern.
Kinder in solchen Familien sprechen oft
von Anfang an mehrere Sprachen.

> Mamo, pójdziesz z nami na plac zabaw? Tato i Jan idą też.

> Tak, chętnie.

10 ## So viele Sprachen auf der Welt

Auf der Welt gibt es ungefähr
zehntausend Sprachen.
Und in jeder dieser Sprachen hat man
unzählig viele Möglichkeiten, etwas zu sagen.
15 Dazu braucht man Wörter.
Mit Wörtern können unendlich
viele Sätze zusammengebaut werden –
und das in allen Sprachen der Welt.

● Wie viele Sprachen gibt es auf der Welt?
Suche den Textabschnitt, in dem die Information steht.
Orientiere dich dabei an den Überschriften.

● Welche Wörter in anderen Sprachen kennst du?
Sammle sie in einem kleinen Wörterheft.
Ordne die Wörter nach Sprachen.

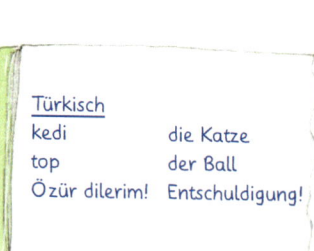

Türkisch
kedi   die Katze
top   der Ball
Özür dilerim! Entschuldigung!

○ Informationen in Druck- und – wenn vorhanden – elektronischen Medien suchen
○ handelnd mit Texten umgehen: z.B. illustrieren, inszenieren, umgestalten, collagieren

Guten Tag

Überall auf der Welt begrüßen sich Menschen freundlich,
wenn sie sich begegnen. Wie sie das tun, kann jedoch ganz
unterschiedlich sein.

 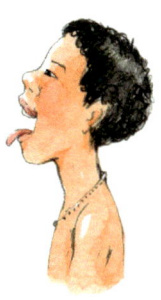

Die Zunge herausstrecken

Ungewöhnlich ist für uns die Begrüßung
der Maori in Neuseeland.
Hier streckt man die Zunge heraus,
um sich einen guten Tag zu wünschen.

Nasenspitzen reiben

Die Inuit im kalten Grönland gebrauchen
ihre Nasen zur Begrüßung. Sie reiben
nämlich ihre Nasenspitzen
aneinander, wenn sie sich treffen.

Die Hände vor dem Herzen

In Indien legt man zur Begrüßung die
Hände in Höhe des Herzens aneinander
und beugt den Kopf leicht nach vorn.
Das bedeutet: „Ich verneige mich vor dir."

● In welchem Textabschnitt steht etwas
zur Begrüßung mit der Nase?
Orientiere dich an den Bildern und an den Überschriften.

● Wie begrüßen sich die Menschen in Indien?
Zeige es einem Partnerkind.

Rezepte aus aller Welt

Auf der Internetseite **www.schule-und-familie.de** gibt es Rezepte
aus aller Welt, die Eltern und Kinder gemeinsam kochen können.
Wenn man ein Bild anklickt, erscheint das Rezept.

Kariba-Ham aus Kenia
Das Rezept, das wir Ihnen und Ihrem Kind heute vorstellen,
kommt aus Kenia. Wie Sie Kariba-Ham zu Hause zubereiten,
erfahren Sie hier in unserem Rezepttipp.

Rezept für Kinder: Isländische Schoko-Nuss-Kekse
Schokoladen-Kekse sind einfach lecker. Hier ist ein
besonders leckeres Rezept aus Island, das Sie gleich
mit Ihrem Kind nachbacken können.

Lasagne aus Italien
Das Lasagne-Rezept, das wir Ihnen und Ihrem Kind heute
vorstellen, kommt aus Italien. Wie Sie den Nudelauflauf mit
Hackfleischsoße zu Hause zubereiten, erfahren Sie hier in
unserem Rezepttipp.

Orientalisches Curry-Risotto
Wie Sie das orientalische Curry-Risotto mit Huhn zu Hause
zubereiten, erfahren Sie hier in unserem Rezepttipp.
Folgen Sie einfach unserer Kochanleitung und zaubern Sie
Ihrem Kind ein neues Gericht.

Kaiserschmarrn aus Österreich
Kinder lieben Kaiserschmarrn. Wie Sie einen echten
österreichischen Schmarrn zubereiten und was der Trick
dabei ist, erfahren Sie hier in unserem kostenlosen Rezept.

🔴 Du möchtest gerne mit deinen Eltern ein Gericht mit Huhn kochen.
Welches Bild musst du anklicken? Begründe.

🌈 Sammelt weitere Rezepte aus aller Welt.
Sucht im Internet oder in Kochbüchern für Kinder.

◗ Angebote in Zeitungen und Zeitschriften, in Hörfunk und Fernsehen, auf Ton- und
Bildträgern sowie im Netz kennen, nutzen und begründet auswählen
◗ handelnd mit Texten umgehen: z. B. illustrieren, inszenieren, umgestalten, collagieren   **AH** S. 42

Essen anderswo – zum Beispiel in Japan

Bei uns setzt man sich zum Essen auf einen Stuhl oder auf eine Bank an einen Tisch.
Doch in **Japan knien** die Menschen beim Essen um einen sehr **niedrigen Tisch** herum.
Sie essen mit **Stäbchen** und nicht mit Messer und Gabel.
Für die Menschen aus **Europa** wäre solch eine **Sitzhaltung** sehr **unbequem** – die **Japaner** sind sie gewohnt und finden sie **gemütlich**.

Man muss als **Gast in Japan** jedoch nicht diese Haltung einnehmen, wenn man nicht so lange knien kann.
In vielen **japanischen Restaurants** befinden sich **im Boden Löcher**, wo die ausländischen Gäste ihre Beine hineinstellen können.

Verena Lugert

● Lies den Text genau.
Informiere ein Partnerkind über den Inhalt des Textes.
Nutze dazu die fett gedruckten Wörter und die Bilder.

Länder-Silbensalat aus sechs Ländern

UN RUSS

FRANK KEI REICH

PO DEN SCHWE

GARN TÜR

LAND LEN

Was gibt es hier zu essen?

Vorspeise
Chinesische Sudelnuppe

✦

Hauptspeise
Italienische Pizza mit Surkengalat

✦

Nachspeise
Russische süße Piroggen
mit Bimheeren

Schwer zu lesen?

Liest du viel
und reist du viel,
siehst du viel
und weißt du viel.

Volksgut

144
1. Übung zur Segmentierung
2. Übung zum Überprüfen der Sinnerwartung
3. Übung zum Aufbau der Sinnerwartung

Lösungen S.196

Welchen Zungenbrecher kannst du schneller sprechen?

Spanischer Zungenbrecher

Tres tristes tigres
trigan trigo
en un trigal.

Deutsch:
Drei traurige Tiger
ernten Weizen
auf einem Weizenfeld.

Türkischer Zungenbrecher

Kartal kalkar dal sarkar,
dal sarkar kartal kalkar.

Deutsch:
Wenn der Adler wegfliegt, bewegt sich der Ast,
der Ast bewegt sich, wenn der Adler wegfliegt.

Wir verstehen uns alle sehr gut

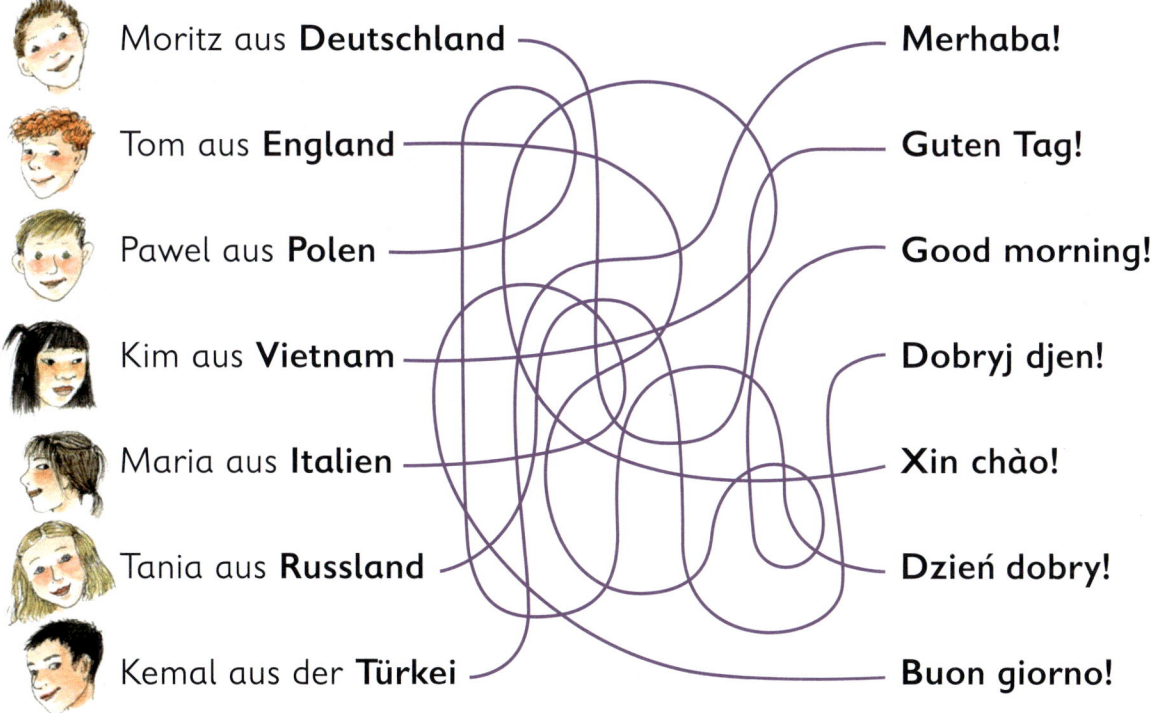

Moritz aus **Deutschland**   Merhaba!

Tom aus **England**   Guten Tag!

Pawel aus **Polen**   Good morning!

Kim aus **Vietnam**   Dobryj djen!

Maria aus **Italien**   Xin chào!

Tania aus **Russland**   Dzień dobry!

Kemal aus der **Türkei**   Buon giorno!

John Kilaka aus Afrika hat sich
die Geschichte „Gute Freunde" ausgedacht
und dazu die Bilder gemalt.
Er wurde 1966 in dem afrikanischen Land
Tansania geboren. Nach der Schulzeit wurde John
Kilaka zuerst Bauer, Jäger und Fischer wie sein
Vater. Jetzt arbeitet er als Künstler.
Für Kinder hat John Kilaka schon drei Bücher
geschrieben und gemalt.

Gute Freunde

Eine Geschichte aus Afrika

Vor langer Zeit lebte Ratz Ratte friedlich mit den anderen Tieren.

Sie schätzen ihn sehr, denn er wusste, wie man Feuer macht.

Jeden Tag kamen sie zu ihm und holten sich Feuer zum Kochen.

Ratz Ratte sagte nie Nein.

5 Sein bester Freund war Elefant.

Er wohnte gleich um die Ecke.

Einmal regnete es lange nicht.

Die Äcker wurden trocken,

die Ernte blieb aus, und alle

10 fürchteten sich vor dem Hunger.

Ratz Ratte hatte für die schlimmsten Tage einen Vorrat angelegt.

Elefant hatte nur zugeschaut. Jetzt machte er sich Sorgen.

„Mein Magen ist sehr groß, da geht viel Futter hinein.

Gewiss werde ich als Erster verhungern.

15 Ich will sehen, ob Freund Ratz mir nicht von seinen Vorräten gibt."

Elefant ging zu Ratz Ratte.

„Bald kommt die Hungersnot", sagte er.

„So ist es", sagte Ratz Ratte.

„Ich muss den Tod nicht fürchten. Ich habe genug Vorräte."

20 „Das stimmt, du hast viele Vorräte gesammelt", sagte Elefant,

„aber dein Haus ist gegen alle Seiten hin offen. Diebe können kommen.

Wäre es nicht besser, wenn ich deine Vorräte in mein Haus nähme?"

Ratz Ratte dachte nach.

Elefant hatte recht.

25 „Du bist mein bester Freund", sagte er.

„Ich verlasse mich auf dich. Nimm die Vorräte und bewache sie gut.

Wenn die Hungersnot ausbricht, hole ich sie zurück."

„Keine Sorge!", rief Elefant, lud Ratz Rattes Vorratssäcke auf

die Schultern und ging beschwingt in sein Haus zurück.

30 Als es nichts mehr zu essen gab, ging Ratz Ratte zu Elefant,

um seine Vorräte zu holen.

„Ich gebe dir nichts! Du hast einen kleinen Magen und brauchst

nicht viel.

Ich aber, mit meinem großen Magen, ich brauche das Futter.

35 Geh, lass mich in Ruhe!"

„Ist das ein Freund?", dachte Ratz Ratte traurig

und ging fort in den Wald.

John Kilaka

🔴 Aus welchem afrikanischen Land
kommt der Autor dieser Geschichte?

🌈 Können Ratz Ratte und Elefant wieder echte Freunde werden?
Erzähle, male oder schreibe, wie die Geschichte weitergehen könnte.

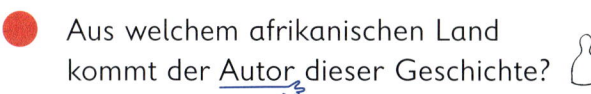

○ Informationen in Druck- und – wenn vorhanden – elektronischen Medien suchen
○ bei der Beschäftigung mit literarischen Texten Sensibilität und Verständnis für Gedanken
und Gefühle und zwischenmenschliche Beziehungen zeigen

147

Tiere in Tansania

In Tansania kann man in einem Nationalpark
viele Tiere beobachten. Du kannst die Namen
einiger Tiere auf Kiswahili lernen. Das ist
die Sprache, die die meisten Menschen
in Tansania sprechen.

Deutsch	Kiswahili
Löwe	*simba*
Elefant	*ndovu*
Leopard	*chui*
Nashorn	*kifaru*
Flusspferd	*kiboko*
Giraffe	*twiga*

Den Rüssel braucht der Elefant
zugleich als Nase und als Hand.
Er pflückt sich Gras und frisches Laub
und pudert seine Haut mit Staub.

Das Nashorn kann an heißen Tagen
zu viel Sonne nicht vertragen
und springt mit einem Riesenplatsch
mitten in den kühlen Matsch.

Löwen sind am liebsten faul,
lecken sich das Löwenmaul,
kratzen sich die Löwenmähnen,
liegen unterm Baum und gähnen.

Er liebt es, in den Bäumen
vor sich hin zu träumen,
und ist durch seine Flecken
nur selten zu entdecken.
Wie Licht und Schatten ist sein Fell:
manchmal dunkel, manchmal hell.

Salah Naoura

🔴 In einem Gedicht wird der Name des Tieres nicht genannt. Welches ist es?

🔴 Schreibe zu jedem Gedicht den Namen des Tieres auf Kiswahili
auf einen Papierstreifen. Lege den Streifen über den Text.

Spiele rund um die Welt

Das Kinderhilfs-werk UNICEF hat auf seiner Internetseite eine Sammlung mit Spielen aus aller Welt veröffentlicht. UNICEF hat auch eine Internetseite für Kinder: **www.unicef.de/kids/**

Inhalt

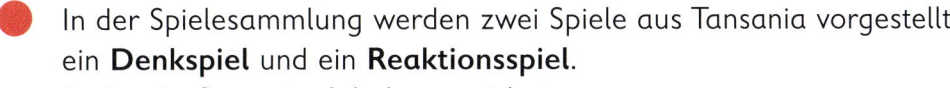

In der Spielesammlung werden zwei Spiele aus Tansania vorgestellt:
ein **Denkspiel** und ein **Reaktionsspiel**.
Suche die Seiten im Inhaltsverzeichnis.
Orientiere dich an den Überschriften.

○ Informationen in Druck- und – wenn vorhanden – elektronischen Medien suchen
○ Angebote in Zeitungen und Zeitschriften, in Hörfunk und Fernsehen, auf Ton-
und Bildträgern sowie im Netz kennen, nutzen und begründet auswählen **AH** S. 40 und S. 43

Interview mit Tomas, 7 Jahre, aus Argentinien

Was machst du am liebsten?

In den Zoo gehen.

Was ist dein größter Wunsch?

Ich hätte gerne einen kleinen Bruder.

Was magst du nicht?

Dass unsere Wohnung so klein ist.

Was würdest du gerne an dir ändern?

Ich hätte gerne meine neuen Zähne.

Was würdest du gerne an der Welt ändern?

Ich wünschte, alle wären fröhlich.

Traurigkeit mag ich nicht.

Wenn du ein Tier sein könntest, welches wäre das?

Ich wäre gern ein Stier, weil er Hörner hat,

um sich zu verteidigen.

Was macht dich glücklich?

Wenn meine Eltern glücklich sind.

> Buenos dias!

● Suche dir ein Kind zum **Partnerlesen**.
   Übt gemeinsam, den Text flüssig vorzulesen.

🌈 Wähle eine Frage aus, die dir besonders gefällt.
   Stelle sie deinem Partnerkind.

○ altersgemäße Texte sinnverstehend lesen – **Basis**
○ Texte begründet auswählen

Interview mit Triana, 7 Jahre, aus Deutschland

Was siehst du, wenn du aus deinem Fenster schaust?

Die Bäume und Pflanzen in unserem Hof.

Was möchtest du in den Ferien
am liebsten machen?

Nach Spanien fahren. Da sind meine Oma
und mein Opa und fast alle meine Cousins.

Es gibt viel Sonne und das Meer.

Welche Sprachen sprichst du?

Spanisch mit meiner Mutter und meiner Familie
in Spanien. Deutsch mit meinem Vater,
in der Schule und mit Freunden.

Ich spreche beide Sprachen sehr gut.

Was würdest du gerne im Handumdrehen lernen?

Ich würde gern wie ein Schmetterling fliegen können,
dann könnte ich ohne Flugzeug nach Spanien fliegen
und bräuchte kein Geld für mein Ticket auszugeben.

Was machst du, wenn keiner mit dir spielt?

Ich male sehr gern, mich und meine ganze Familie.

Was haben dir deine Eltern aus der Zeit erzählt,
als du ein Baby warst?

Dass mein Vater einmal von der Arbeit kam,
mich in den Arm genommen hat und ich
auf seine Krawatte gepinkelt habe.

● Suche dir ein Kind zum **Partnerlesen**.
   Übt gemeinsam, den Text flüssig vorzulesen.

● Welche Antwort von Triana gefällt dir besonders?
   Begründe.

◐ altersgemäße Texte sinnverstehend lesen – **Erweiterung**
◐ eigene Gedanken zu Texten entwickeln, zu Texten Stellung nehmen
   und mit anderen über Texte sprechen

151

Domino – ein Spiel geht um die Welt

Das Domino-Spiel ist in vielen Ländern verbreitet.

Erfunden wurde es wahrscheinlich in China.

Vor 250 Jahren kam es nach Europa.

Seitdem ist es auch in Deutschland bekannt.

Früher wurden die Domino-Steine aus Knochen hergestellt.

Heute fertigt man sie aus Holz oder Plastik an.

Dominos kann man auch selbst herstellen, zum Beispiel so:

 Stelle gemeinsam mit einem Partnerkind ein Guten-Tag-Domino
oder ein Flaggen-Domino her.
Nutzt dazu das Magazin auf Seite 145 und das Internet.

○ handelnd mit Texten umgehen: z.B. illustrieren, inszenieren, umgestalten, collagieren
○ Angebote in Zeitungen und Zeitschriften, in Hörfunk und Fernsehen, auf Ton- und
Bildträgern sowie im Netz kennen, nutzen und begründet auswählen

In der Bibliothek

Nimm ein Buch,
mach es auf:
Du kommst auf was drauf.
Lass es sein, mach es zu:
Es gibt keine Ruh.
So ist das eben:
Die Bücher leben.

Wolf Harranth

Schwerpunkt-Bildungsstandards in diesem Kapitel:
- die eigene Lese-Erfahrung beschreiben und einschätzen
- sich in einer Bücherei orientieren

153

So kannst du herausfinden, zu welchem Lesetyp du gehörst

Tipp 1: eigene Lese-Erfahrungen beschreiben

Beschreibe dich als Leserin
oder als Leser.

- Was liest du gern?
- Wo liest du am liebsten?
- Wann liest du?

> Lese-Steckbrief
> Mein Lieblingsbuch: Piratengeschichten
> Mein Lieblingsleseort: auf dem Sofa

Tipp 2: eigene Lese-Erfahrungen sichtbar machen

Notiere, welchen Text du gelesen hast.
Bewerte und begründe.

- Dem Text gebe ich ★ ★ ★ ☆ ☆, weil …
- Dem Text gebe ich ★ ☆ ☆ ☆ ☆, weil …

Drehbücherei

von _Clara_

Tipp 3: mit anderen über Lese-Erfahrungen sprechen

Lest einander aus euren Lieblingstexten vor. Sprecht darüber.

Ja, die Stelle gefällt mir auch so gut.

Mein Lieblingsbuch heißt **Pippi Langstrumpf**. Ich möchte euch die Stelle mit dem Rechnen in der Schule vorlesen. Das ist so lustig.

Lesevorlieben

Das Lesen

Das Lesen, Kinder, macht Vergnügen.
Vorausgesetzt, dass man es kann.

In Straßenbahnen und in Zügen
Und auch zu Haus liest jedermann.

Wer lesen kann und Bücher hat,
Ist nie allein in Land und Stadt.

Ein Buch, das uns gefällt,
Hilft weiter durch die Welt.

James Krüss

Was liest du am liebsten?

	Mädchen	Jungen
Märchen	II	III
Abenteuergeschichten	II	II
Fantasiegeschichten	II	II
Sachbücher	I	II
Bücher über Tiere	II	II
Freundschaftsgeschichten	II	I
Zeitschriften	I	III

🌈 Was und wo liest du gern?
Vergleiche deine Lese-Erfahrungen mit den Texten auf dieser Seite.

Steckbrief
für Lese-, Seh- und Hörfreunde

Wie heißt dein Lieblingsfilm?

Rico, Oskar und die Tieferschatten

Wie heißt der Film, zu dem du schon einmal
ein Buch gelesen hast?

Charlie und Lola

Zu welchem Buch wünschst du dir einen Film?

Frerk, du Zwerg

Wie heißt deine Lieblingsfilmfigur?

Wicki

Welche Filmfigur würdest du gerne spielen?

Ronja Räubertochter

Wie heißt dein liebstes Hörbuch?

Gespensterjäger auf eisiger Spur

Welches Hörbuch kennst du, zu dem
du auch ein Buch gelesen hast?

Der kleine Drache Kokosnuss und
der große Zauberer

Wann hörst du am liebsten Hörbücher?

Morgens, am Wochenende

Wo hörst du sie am liebsten?

Auf meinem Hochbett

 Schreibe und gestalte deinen eigenen
Lese-, Seh- und Hör-Steckbrief.

Die Sache mit den Superhelden

Also, Wolle und Micki und ich haben einen Klub.
Der Klub heißt „Die Besten". Weil wir drei
die besten Freunde sind. Wir treffen uns immer
im Schuppen in meinem Garten. Im Schuppen
5 kann man gut geheime Sachen machen.
Zum Beispiel kann man Comics lesen. Comics sind
superklasse! Besonders die mit Superhelden.
Zack!!! springt Gigaman vom Hochhaus und
Boing!!! gibt er dem Verbrecher eins auf die Mütze.
10 Und Zing!!! guckt Starman mit seinen Sternenaugen
durch alle Mauern.

Im Comicladen haben wir nachgesehen, ob es
neue Gigaman-Comics gibt.
Der Mann, dem der Laden gehört, ist immer schlecht gelaunt.
15 Wir nennen ihn den Grimmigen. Und er hat ein Geheimnis.
Da gibt es nämlich im Laden eine Tür. Auf der klebt ein Riesenschild:
„Eintritt verboten!!!"

Am nächsten Tag haben wir uns vor dem Laden auf die Lauer gelegt.
Wir haben ewig gewartet. Bis der Pizzabote gekommen ist.
20 Der hat dem Grimmigen drei Schachteln Pizza gebracht.
Wir haben uns gewundert, denn drei Pizzen sind viel für einen allein.

Der Grimmige ist mit den Schachteln zur Geheimtür hin.
Wusch!!! ist er ins Zimmer hineingehuscht. Aber wir haben trotzdem
etwas gesehen. In dem Zimmer waren Leute drin!
25 „Mann!", hat Micki gesagt. „Der hat die Superhelden in seinem Zimmer!
An die Decke hat jemand Grünes geklebt. Geckogirl!"

Sylvia Heinlein

● Wie nennen die Kinder den Besitzer des Comicladens?

◉ Bringe deinen Lieblings-Comic mit in die Schule.
Erzähle etwas über die Heldin oder den Helden des Comics.

In der Bibliothek

Ein Ort voller Entdeckungen

In der Bibliothek findest du ganz verschiedene Medien.
Es gibt z. B. Bilderbücher, Bücher mit Geschichten, E-Books,
Comics, Sachbücher, Zeitschriften, CDs, CD-ROMs und DVDs.
Alle diese Medien kannst du ausleihen.

Ordnung muss sein

Alles hat seinen festen Platz. Sachbücher sind
z.B. in bestimmten Regalen untergebracht
und nach Themen geordnet. Es gibt Sachbücher
über Tiere, Planeten, Autos, Musik, Sport.

Immer hilfsbereit

In der Bibliothek arbeitet die Bibliothekarin. Sie hilft, wenn du etwas
suchst. Sie gibt auch Lesetipps. Damit du etwas ausleihen kannst,
brauchst du einen Benutzerausweis. Diesen Ausweis stellt dir
die Bibliothekarin aus.

Rückgabe nicht vergessen

Alles, was du dir in der Bibliothek ausleihen
möchtest, musst du nach einer bestimmten Zeit
wieder zurückbringen. Achte darauf, dass du
das rechtzeitig erledigst. Sonst musst du
etwas bezahlen.

Immer was los

In der Bibliothek finden oft Veranstaltungen statt. Es gibt z.B. Buch-
lesungen oder Erzählnachmittage. Besonders beliebt sind Lesenächte.

🌈 Welche Medien gibt es in eurer Bibliothek? Vergleicht.

🔴 Informiert euch über Veranstaltungen in eurer Bibliothek.

🔵 sich in einer Bücherei orientieren
🔵 Informationen in Druck- und – wenn vorhanden – elektronischen Medien suchen   **AH** S.46–47

Das ist aber total mein Buch!

Charlie hat eine kleine Schwester.
Sie heißt Lola. Lola liebt Bücher.
Besonders mag sie das Buch
Käfer, Wanzen und Schmetterlinge.
5 *Sie freut sich so darauf, das Buch*
wieder in der Bibliothek auszuleihen.

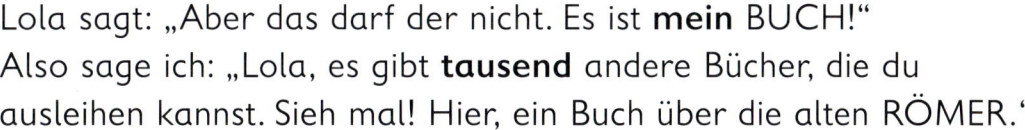

Lola sagt: „Charlie, mein Buch ist
verschwunden! Es ist **nicht da**!"
Ich sage: „Lola, überleg doch mal.
10 Das hier ist eine Bücherei.
Jemand hat das Buch **ausgeliehen**."
Lola sagt: „Aber das darf der nicht. Es ist **mein** BUCH!"
Also sage ich: „Lola, es gibt **tausend** andere Bücher, die du
ausleihen kannst. Sieh mal! Hier, ein Buch über die alten RÖMER."
15 Aber Lola sagt: „Viel zu viele **Buchstaben**, Charlie.
Mein Buch hat Bilder und die hab ich so gerne."

Ich sage: „Aber was sagst du zu dem hier? Es ist ein Pop-up-Buch*.
Guck mal!"
Aber Lola sagt: „Ich **mag** Pop-up-Bücher, Charlie. Aber es ist nicht **lustig**.
20 **Käfer, Wanzen und Schmetterlinge** ist wirklich witzig. Ich muss
sooo lachen über die **kleinen Käfer** und die ganzen **kurzen Beine**."
Ich sage: „Du willst also ein Buch mit vielen bunten Bildern,
nicht zu vielen Buchstaben und Tieren, die dich zum Lachen bringen."
Lola sagt: „Japp!"

Lauren Child   *sprich: Pop-ap-Buch = Aufklapp-Buch

🔴 Wie könnte Lola in der Bibliothek das passende Buch finden? Sammelt Tipps.

🌈 Kennst du Charlie und Lola schon aus anderen Büchern
oder aus dem Fernsehen? Erzähle deiner Klasse davon.

○ sich in einer Bücherei orientieren
○ die eigene Lese-Erfahrung beschreiben und einschätzen   **AH** S.44   159

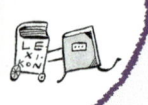

Wer ist wer?

B

D

C

A

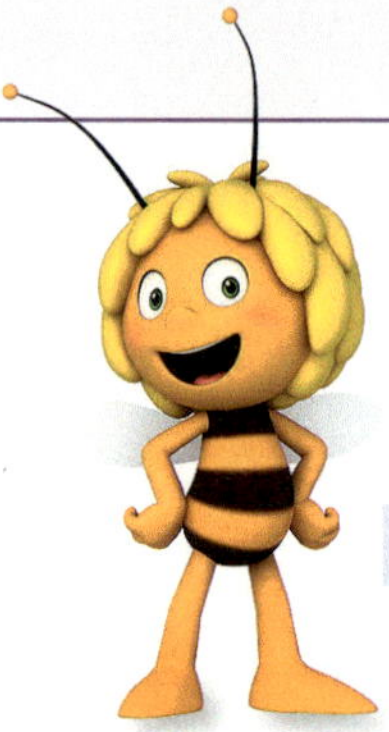

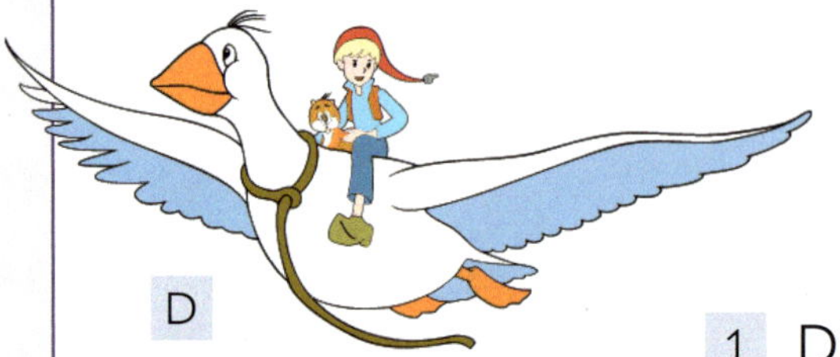

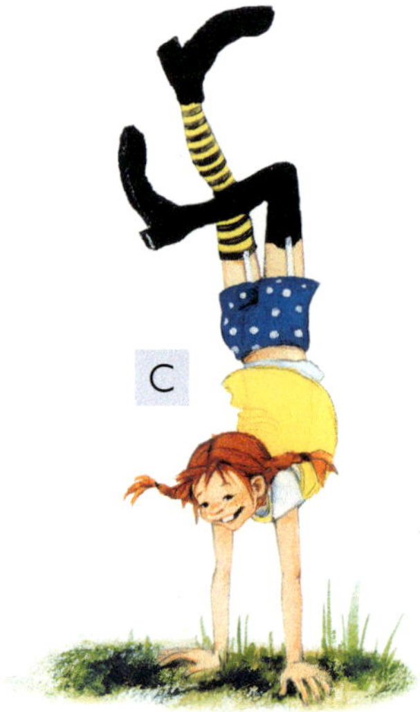

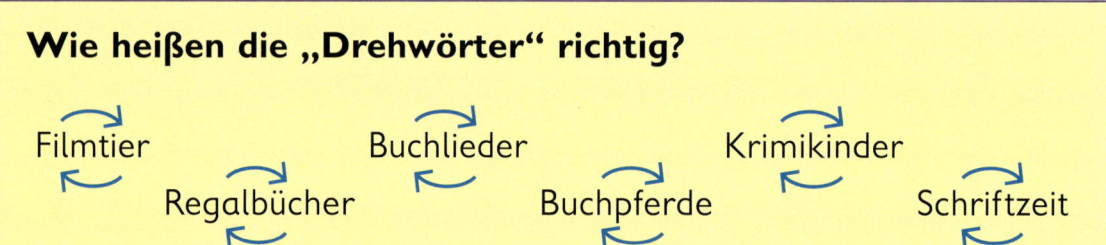

1 Die Biene Maja

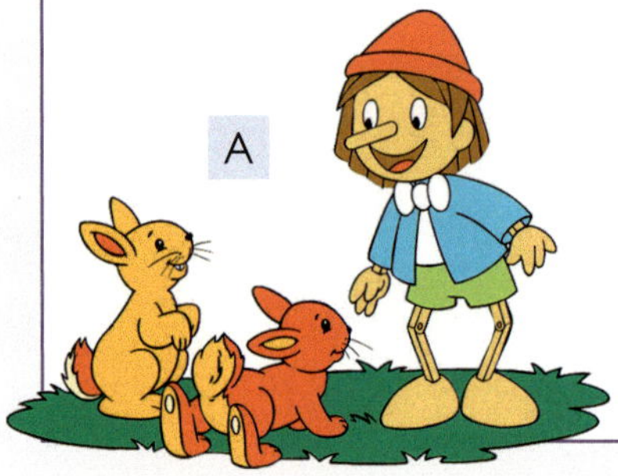

2 Pippi Langstrumpf

3 Nils Holgersson

4 Pinocchio

Wie heißen die „Drehwörter“ richtig?

Filmtier

Regalbücher

Buchlieder

Buchpferde

Krimikinder

Schriftzeit

Immer schneller lesen

Fritz Schnitzer aus Görlitz besitzt
klitzekleine witzige Witzbücher,
klitzekleine witzige Witzbücher besitzt
Fritz Schnitzer aus Görlitz.

1. Übung zum Überprüfen der Sinnerwartung
2.–3. Übungen zur Segmentierung

Lösungen S.196

Der Wurm und die Ratte

Hoch vom Bücherturm
sah der Bücherwurm
eine Leseratte,
die kein Buch mithatte.

Leseratte, warte!
Ich habe eine Schwarte,
tausend Seiten lang.
Achtung! Fertig! Fang!

Danke, lieber Wurm
auf dem Bücherturm,
rief die Leseratte,
die ein Buch nun hatte.

Peter Maiwald

Was gehört zusammen?

1 Was kann ich in der
   Bücherei ausleihen?

2 Wie lange kann ich
   die Bücher ausleihen?

3 Was kostet die Ausleihe?

A Die Ausleihe ist kostenlos.

B Du kannst Bücher, E-Books,
   Zeitschriften, Spiele, CDs,
   Kassetten, DVDs und
   CD-ROMs ausleihen.

C Die Bücher kannst du für
   vier Wochen ausleihen,
   für die anderen Medien ist die
   Ausleihe kürzer.

1. Übung zum Aufbau der Sinnerwartung
2. Übung zum Überprüfen der Sinnerwartung

Lösungen S.196

Tim in der Bibliothek

Tim war nicht gerade eine Leseratte. Doch eines Tages
entdeckte er in der Bibliothek ein Buch:

Ich tat so, als würde ich ein Buch lesen
mit dem Titel **Finn McCool, der Riese von Irland**.
5 Da weckte etwas meine Aufmerksamkeit.
Der erste Satz der Geschichte.
„Finn McCool", stand da, „war der größte Riese in Irland."

Der Satz hatte was. Er klang … interessant.
Ich beschloss, ein bisschen weiterzulesen.
10 Nicht das ganze Buch, nie im Leben.
Aber vielleicht noch ein paar Sätze. Ich las von
Abenteuern und Magie*. Zauberer erschlugen
Kobolde. Verzauberte Ziegen redeten und
Prinzessinnen verwandelten sich in Schwäne.
15 Es war eine andere Welt.

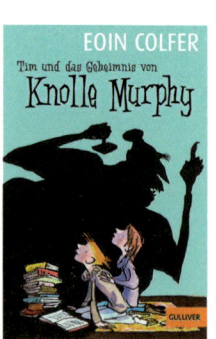

„Wollen wir gehen?", sagte eine Stimme.
Ich blickte auf, es war Mama.
„Aber wir sind doch eben erst gekommen. Es ist erst …"
Ich verstummte, weil ich die Uhr an der Wand sah.
20 Es war fünf. Fast zwei Stunden lang hatte ich gelesen.

Eoin Colfer   *Zauberei

⬤ Warum beschließt Tim, nach dem ersten Satz weiterzulesen?
     Begründe mithilfe des Textes.

⬤ Finn McCool war der größte Riese von England. Stimmt das?
     Lies im ersten Abschnitt nach.

Drehbücherei: Alles dreht sich um dieses Buch

In einer Drehbücherei kannst du sammeln, welche Bücher du schon gelesen hast.

So bastelst du deine eigene Drehbücherei:

- Erstelle eine obere Deckscheibe wie auf der Abbildung.
  Schreibe deinen Namen darauf.
- Schneide eine Kreisscheibe aus.
  Fülle die drei Abschnitte zu deinem Buch aus.
- Lege die Buchscheibe unter die obere Deckscheibe.
  Befestige die Scheiben mit einer Musterklammer.

So füllst du die drei Abschnitte aus:
- **dieses Buch:**

  Trage Titel, Autor und Verlag ein.
- **diese Figuren:**
  Schreibe wichtige Figuren auf.
- **meine Bewertung:**
  Bewerte das Buch.
  Du kannst 1–5 Sterne vergeben.
  Begründe deine Bewertung kurz.

Immer, wenn du ein Buch gelesen hast, kannst du eine weitere Kreisscheibe hinzufügen. So entsteht deine eigene Drehbücherei.

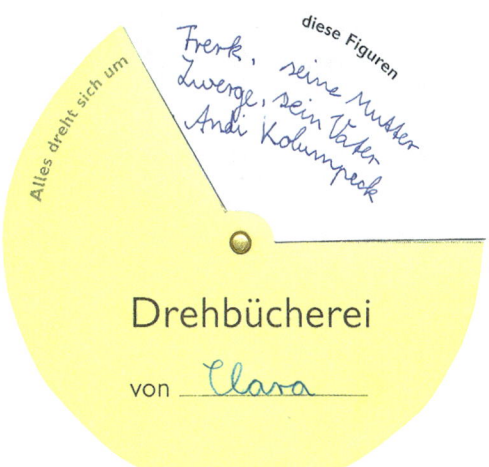

Bücher kann man lesen

Kind: Bücher kann man lesen,
       Bücher kann man angucken,
       Bücher kann man mitnehmen
       auf eine große, große Reise.

Buch: Oh, sehr schön!

Kind: Bücher kann man immer wieder lesen,
       Bücher kann man gemütlich durchblättern,
       Bücher kann man einpacken
       und überall mit hinnehmen.

Buch: Keine schlechte Idee!

Kind: Bücher kann man schön finden,
       Bücher kann man schrecklich schön finden,
       Bücher kann man eigentlich richtig lieb haben.

Buch: Mmmmm!

Kind: Bücher kann man streicheln,
       Bücher kann man anknabbern.

Buch: Hör bloß auf!

Kind: Bücher kann man
       in hohem Bogen in die Ecke schmeißen.

Buch: Ich glaub, du spinnst!

Kind: Verzeihung!

Christine Frick-Gerke

● Suche dir ein Kind zum **Partnerlesen**.
   Übt gemeinsam, den Text flüssig vorzulesen.

● Was siehst du auf den Bildern? Welche Textabschnitte passen genau dazu?
   Verbinde mit Papierstreifen.

◯ altersgemäße Texte sinnverstehend lesen – **Basis**
◯ lebendige Vorstellungen beim Lesen und Hören literarischer Texte entwickeln

Fabelhafte Ausreden für vergessliche Kinder

Wir waren im Zoo, und ich hatte Ihr Buch dabei.
Zuerst waren wir beim Vogel Strauß.
Und der hat einfach Ihr Buch verschluckt.
Der Wärter sagte: „Das spuckt er schon wieder aus."
Aber so lange konnten wir nicht warten …

Da ist doch jetzt diese Baustelle vor der Bibliothek.
Ich hab zugeguckt, und da ist das verflixte Buch
in ein Loch gefallen. Und der Bagger hat es zugeschüttet.
Der Baggermann will's wieder ausbuddeln,
aber erst Montag früh, denn jetzt ist Feierabend.

Ich habe mir Ihr Buch zurechtgelegt,
aber da kam der Einbrecher.
Und der hat unseren Fernseher geklaut
und Mamis Handtasche
und das verflixte Buch.
Am Morgen haben wir es
im Garten gefunden.
Aber der Polizist hat es mitgenommen
wegen der Fingerabdrücke …

Jo Furtado

🔴 Suche dir ein Kind zum **Partnerlesen**.
Übt gemeinsam, den Text flüssig vorzulesen.

🌈 Welche Ausrede findest du besonders lustig?
Begründe.

Buchhäuser-Ausstellung

Meine Bücher

Ich liebe meine Bücher,
jedes Buch ist ein Haus.
Die Leute darin
kommen heraus.

Es kommen zu mir
Bettler, Prinz und Pilot,
Max und Moritz,
Schneeweißchen und Rosenrot.

Josef Guggenmos

 Wähle gemeinsam mit einem Partnerkind ein Buch aus, das euch gut gefällt.
Malt die wichtigsten Buchfiguren auf festes Papier und schneidet sie aus
oder gestaltet die Figuren aus Knetmasse.

Das Buch stellt ihr dann wie ein Dach auf, aus dem die Buchfiguren
herauskommen. Präsentiert eure Buchhäuser anderen Kindern eurer Schule.

○ die eigene Lese-Erfahrung beschreiben und einschätzen
○ handelnd mit Texten umgehen: z.B. illustrieren, inszenieren, umgestalten

Unheimliches und Spannendes

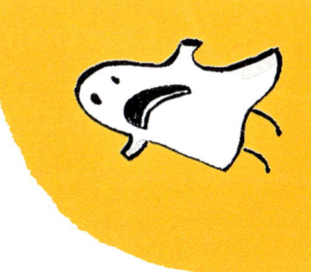

Albträume

Albträume kannst du überall,
sogar im Flachland träumen.
Da fliegst du dann im freien Fall
von riesenhohen Bäumen.
Es gibt so viele schlimme Sachen,
die man albträumen kann.
Lebendig wieder aufzuwachen,
das ist das Schönste dran.

Hanna Johansen

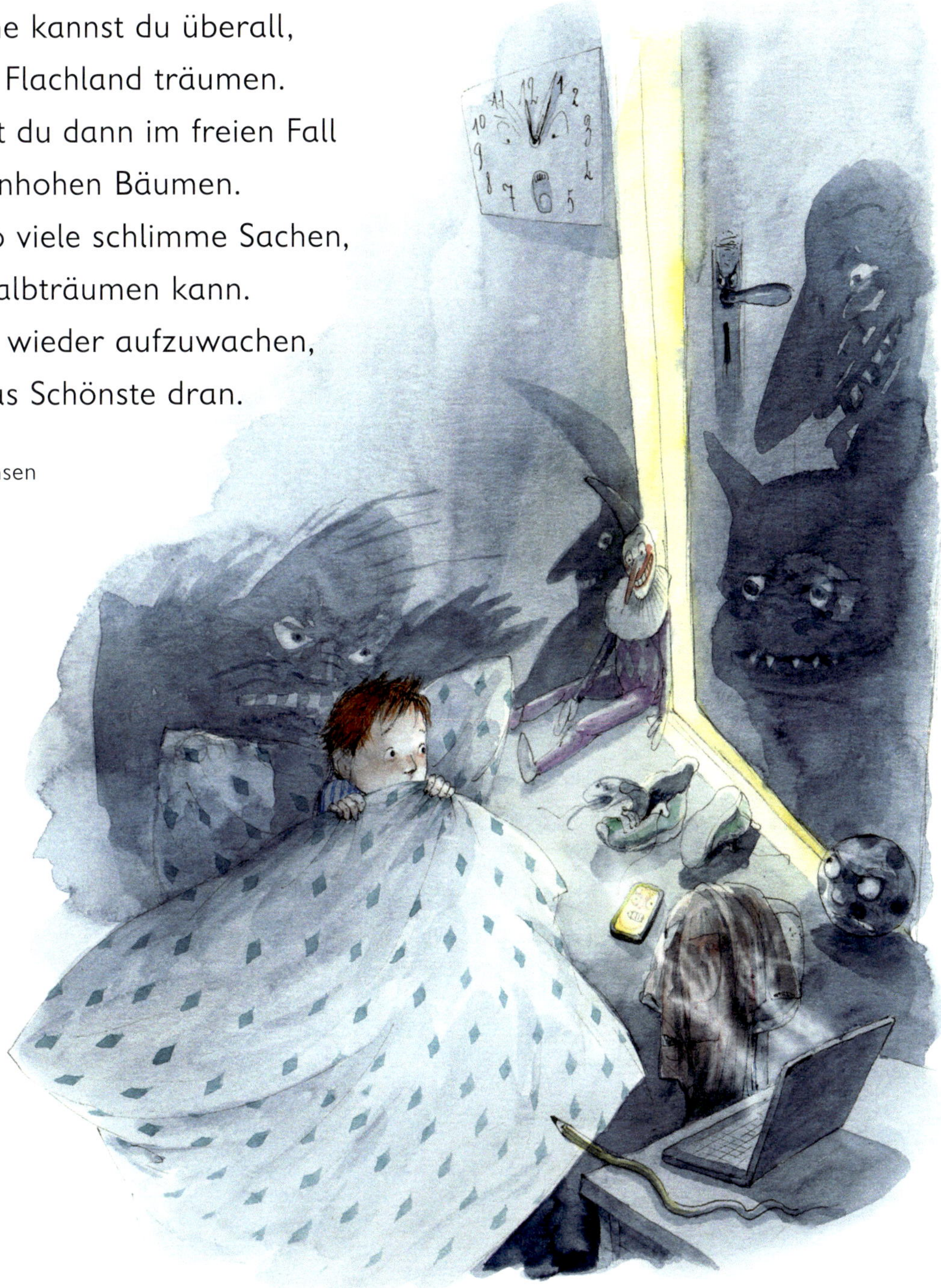

Schwerpunkt-Bildungsstandard in diesem Kapitel:
- ein Kinderbuch selbst auswählen und vorstellen

So kannst du ein Buch vorstellen

Schritt 1: das Buch zeigen

- Lies den Titel vor.
- Nenne den Namen der Autorin oder des Autors.
- Sage, in welchem Verlag das Buch erschienen ist.

> Mein Buch heißt …

> Die Autorin meines Buches heißt …

> Es ist im … Verlag erschienen.

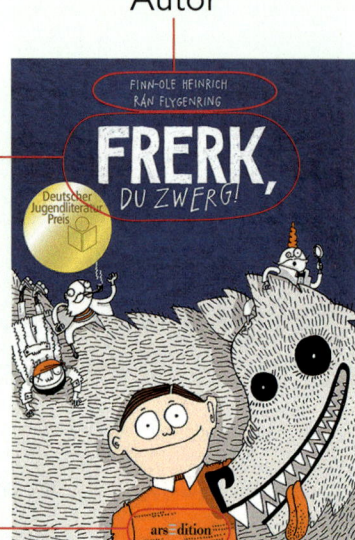

Autor

Titel

Verlag

Schritt 2: Art des Buches nennen

Sage, was für ein Buch es ist: ein Sachbuch oder …

> Mein Buch ist ein Sachbuch.

> In meinem Buch stehen Tiergeschichten.

> In meinem Buch wird eine Gruselgeschichte erzählt.

Schritt 3: eine Lieblingstextstelle vorlesen

Suche dir eine Stelle im Buch aus, die dir gut gefällt.
Bereite sie zum Vorlesen vor.

> Übe vorher mehrmals, bis du die Textstelle flüssig lesen kannst.

> Es ist still, Frerk hört leise Geräusche …

Frerk, du Zwerg

Frerk hat es in der Schule nicht
leicht. Die anderen Kinder machen
sich wegen seiner komischen
Kleidung (Hemden mit Karos und
5 *Hosen aus Stoff) über ihn lustig.*
Doch eines Tages findet Frerk ein
Ei im Sand, und das könnte sein
Leben verändern.

Endlich ist es Abend, und Frerk
10 ist allein in seinem Zimmer.
Die Tür ist zu, und keiner stört
ihn mehr. Es ist still, Frerk hört
leise Geräusche und drückt das
Ei fest an sein Ohr.
15 Und tatsächlich macht das Ei
Geräusche.
Stimmen, die man nicht
verstehen kann, dumpf und fern,
Plirren, Kratzen, Rumpeln.
20 Als wär richtig was los im Ei!
Frerk hat keine Idee,
was man mit so einem Ei
anstellt. Und ob man es
vielleicht besser in den Sand
25 zurückbringen sollte, wo es
herkommt.

Er weiß es einfach nicht und legt
das komische Ei erst mal in die
Schublade und schläft ein.

30 Am nächsten Morgen …

Frerk zieht die Schublade auf
und sieht das Ei. Es ist noch
komischer als gestern: Dem Ei
ist über Nacht ein Fell gewach-
35 sen. Ein geheimnisvolles Ei.
Ein wirklich komisches Ei!

Finn-Ole Heinrich

🔴 Ergänze:
Das Buch heißt …
Der Autor ist …
Die Hauptfigur heißt …

🌈 Macht dich diese Stelle neugierig
auf das Buch? Begründe.

Gespensterjäger auf eisiger Spur

Tom sollte im Keller nur eine Flasche Apfelsaft holen. Doch er entdeckte dort etwas ganz anderes.

Die Tür quietschte scheußlich, als
5 Tom sie aufstieß. Modrig riechende
Schwärze gähnte ihm entgegen.
Tapfer machte er einen Schritt
vorwärts und tastete nach dem
Lichtschalter. Eine jämmerliche
10 kleine Glühbirne flammte auf und
– paff! – zerplatzte in tausend
Splitter.
Erschrocken stolperte Tom zurück
und stieß mit dem Ellbogen gegen
15 die Kellertür. Rums!, fiel sie ins
Schloss.
Tom stand mutterseelenallein im
pechschwarzen Keller.
„Ganz ruhig!", dachte er. „Ruhig
20 bleiben, alter Junge. Es ist nur die
blöde Glühbirne zerplatzt."
Aber seit wann zerplatzen
Glühbirnen einfach? Tom spürte,
wie sein Mund trocken wie ein
25 Schmirgelpapier wurde.
Er wollte einen Schritt zurück
machen. Aber seine Schuhe klebten
an irgendwas fest.
Er hörte seinen eigenen Atem. Und
30 dann ein leises Rascheln. So als
striche etwas über die alten
Zeitungen, die Mama irgendwo in
der Dunkelheit gestapelt hatte.
„Hilfe!", flüsterte Tom. „Oh Mann,
35 Hilfe!"
„Aaaaaahoooo!", stöhnte es ihm
aus der Finsternis entgegen.

Kalter, modrig stinkender Atem
strich ihm übers Gesicht. Und
40 eisige Finger packten seinen Hals.
„Weeeg!", schrie Tom und schlug
wie ein Wilder um sich. „Weg, du
widerliches Ding!"
Die Eisfinger ließen seinen Hals los
45 und zogen an seinen Ohren.
Irgendwas schimmerte weißlich
in der Dunkelheit. Irgendwas mit
giftgrünen Augen, flatterndem
Haar und höhnischem Grinsen.
50 „Ein Gespenst!", dachte Tom fas-
sungslos. „Ein richtiges Gespenst!"

*Tom sucht sich Hilfe bei der
Gespensterjägerin Hedwig
Kümmelsaft …*

Cornelia Funke

🔴 Nenne den Titel und die Autorin des Textes.

🔴 Lies die Stelle vor, die du besonders gruselig findest.

● ein Kinderbuch selbst auswählen und vorstellen
● Texte begründet auswählen

AH S.50

Gespensterbriefe

Wenn du ein Gespenst kennst,
wenn du einen Geist weißt
(aber einen zahmen),
sag mir seinen Namen!

Wohnt der Geist im dritten Stock
dort in diesem Häuserblock?
Wird er dort auch bleiben?
Sag mir seinen Namen,
denn ich will ihm schreiben!

Georg Bydlinski

Hallo Friedolin,
wusstest du, dass in
Frankreich die allerschönsten
Muscheln der Welt sind?
Wollen wir dort Muscheln
sammeln gehen?
Deine Lena

spinnenblitz-gespenst

🔴 Wo wohnt der Geist
in dem Gedicht?
Lies in der 2. Strophe nach.

🌈 Wie sieht dein Gespenst aus?
Zeichne es auf weißes Papier,
schneide es aus und klebe es
auf schwarzes oder blaues Papier.

🌈 Gib dem Gespenst einen Namen
oder schreibe einen Brief
an dein Gespenst.

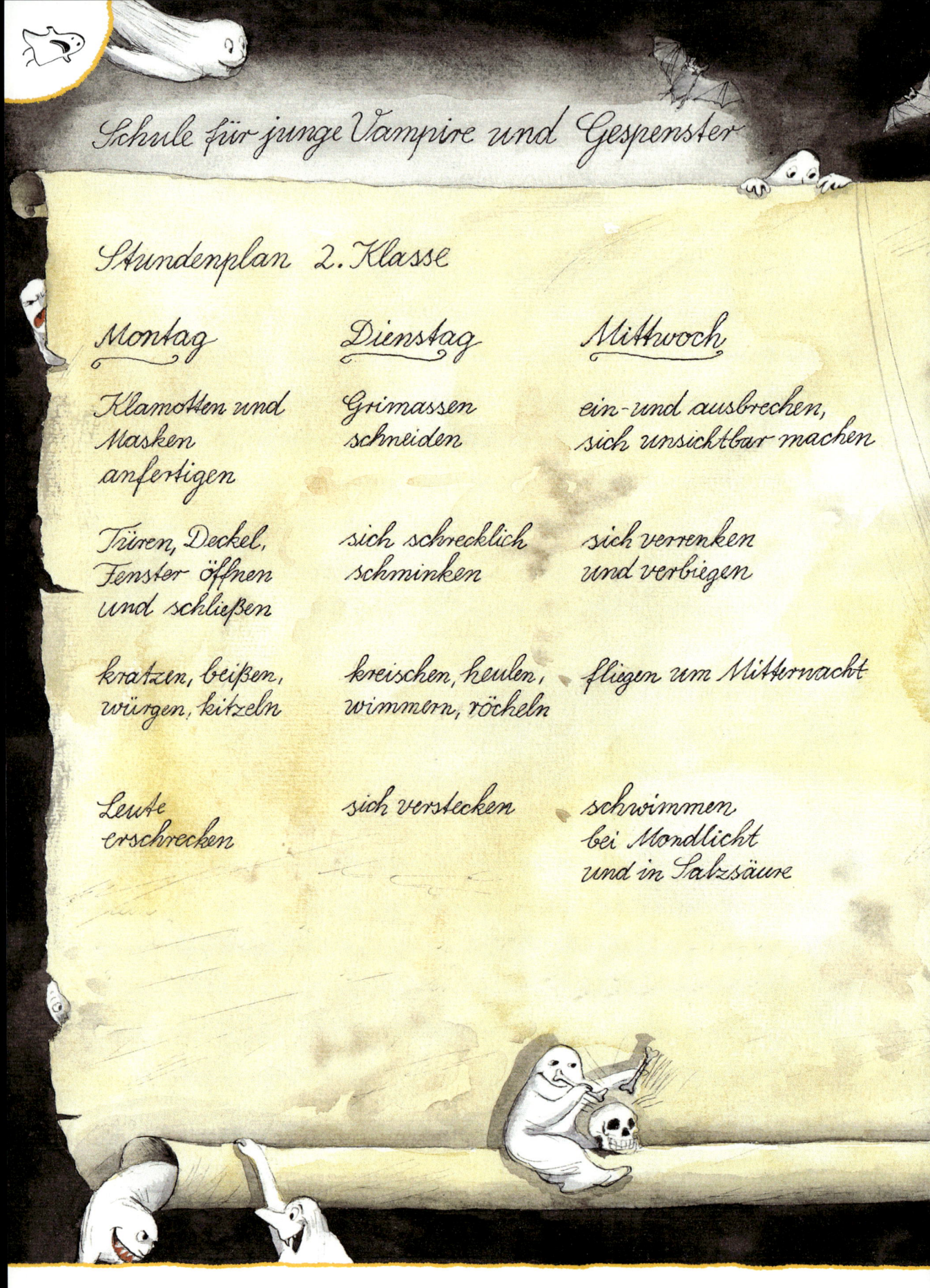

Schule für junge Vampire und Gespenster

Stundenplan 2. Klasse

Montag	Dienstag	Mittwoch
Klamotten und Masken anfertigen	Grimassen schneiden	ein- und ausbrechen, sich unsichtbar machen
Türen, Deckel, Fenster öffnen und schließen	sich schrecklich schminken	sich verrenken und verbiegen
kratzen, beißen, würgen, kitzeln	kreischen, heulen, wimmern, röcheln	fliegen um Mitternacht
Leute erschrecken	sich verstecken	schwimmen bei Mondlicht und in Salzsäure

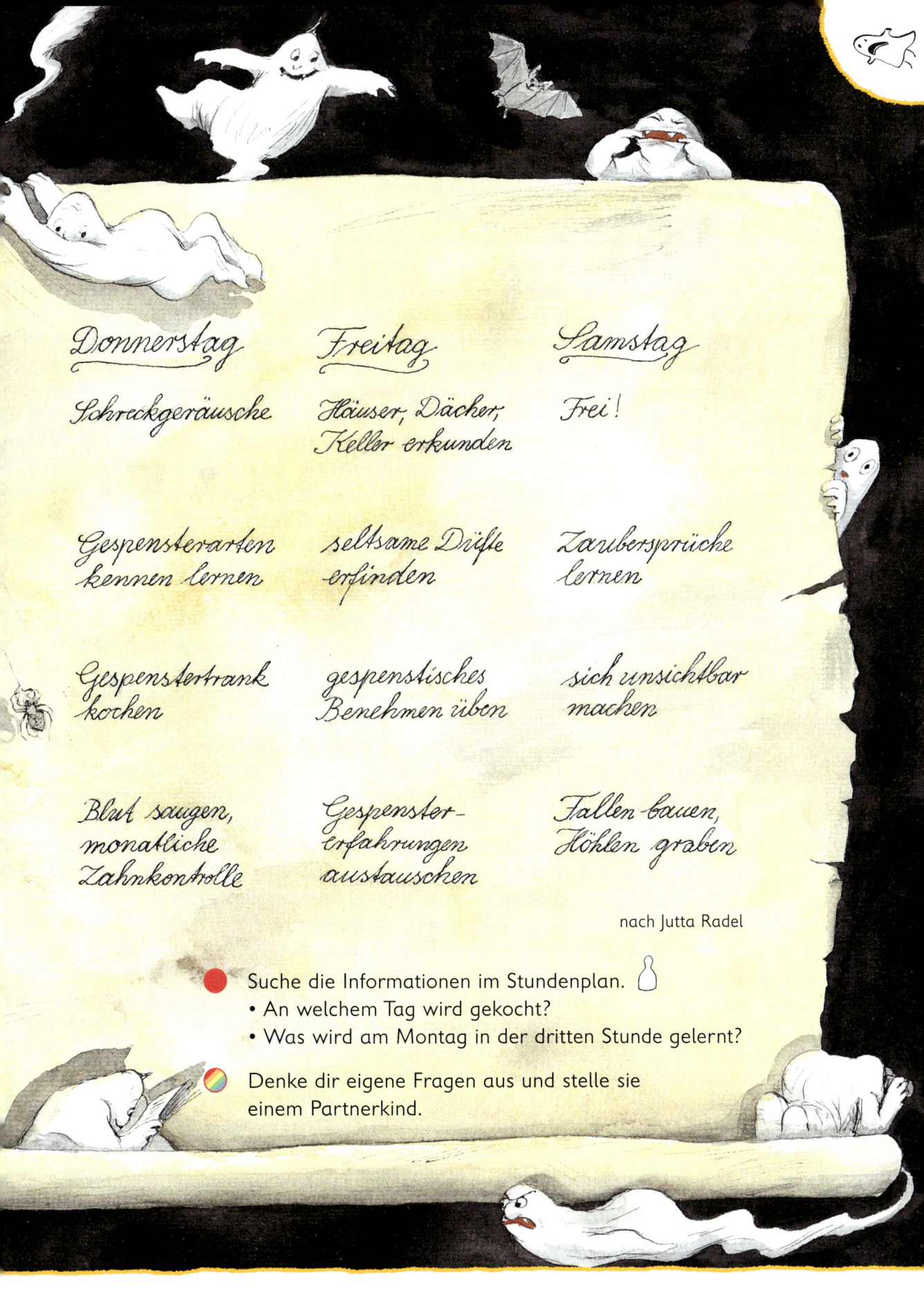

Donnerstag	Freitag	Samstag
Schreckgeräusche	Häuser, Dächer, Keller erkunden	Frei!
Gespensterarten kennen lernen	seltsame Düfte erfinden	Zaubersprüche lernen
Gespenstertrank kochen	gespenstisches Benehmen üben	sich unsichtbar machen
Blut saugen, monatliche Zahnkontrolle	Gespenster-erfahrungen austauschen	Fallen bauen, Höhlen graben

nach Jutta Radel

🔴 Suche die Informationen im Stundenplan.
• An welchem Tag wird gekocht?
• Was wird am Montag in der dritten Stunde gelernt?

🌈 Denke dir eigene Fragen aus und stelle sie einem Partnerkind.

Wer ist der schnellste Zungenbrechersprecher?

Gruselige Gespenster geistern gern.

Vier vernünftige Vampire verstecken vierundvierzig verschmutzte Vasen.

Mehrere mustergültige Monster machen meisterhafte Musik.

Wörtertreppen

Monster
Monstereis
Monstereisbecher
Monstereisbecherkarte
Monstereisbecherkartenständer

Gespenster
Gespensterschulen
Gespensterschulentreffen

Zauberspruch – leider unvollständig

Wisper knisper
Wurzelfee,
wer mich sucht,
dem tu ich w   :
Beiß ihn
in den großen Z   –
werf ihn
in den Tümpelsee –
tunke ihn
ins Glibbermoor –
kneif ihn
in sein Lumpeno   –
drehe ihm die Nase quer …
Wenn du Mut hast,
komm nur h   !

Max Kruse

Drei faule Grusel-Eier gesucht!

Gespensterlärm Gespensterumhang Geheimniskiste Gespensterschule
Hexenbuch Himbeeren Hexentrank Hexenbesen Hexenhaus
Monstertasse Monsterpapa Monsterjäger Mondschein Monstermama

1. – 2. Übungen zur Segmentierung
3. Übung zum Aufbau der Sinnerwartung
174   4. Übung zum Überprüfen der Sinnerwartung   **Lösungen** S.196

Wahr oder gelogen?

	wahr	gelogen
Vampire mögen Blut.	G	A
Spinnen haben 12 Beine.	M	E
Geister erschrecken gern Menschen.	I	O
Hexen haben Flügel.	X	S
Fledermäuse können schwimmen.	Z	T

Was gehört zusammen?

Was essen Geister und Gespenster am liebsten?	1
Was benutzt der kleine Geist in der Schule?	2
Was macht ein Gespenst, wenn es sich den Magen verdorben hat?	3
Wie nennt man 100 Spinnen auf einem Rad?	4

A	Ein Spinn-Rad.
B	Es spukt.
C	Einen Spukzettel.
D	Spuketti.

Was gibt es zum Gespensterfest?

Fl__der__aussalat   He__ens__ppe   Vam__irpudd__ng

Mo__sterspa__etti   Sp__nnenmarmel__de

Gespe__ster__uchen   Spukk__kse   He__enei__

Der unglaubliche kleine Bücherfresser

Henry liebte Bücher. Aber nicht so,
wie du und ich Bücher lieben, nein.
Nicht wirklich …
Henry mochte Bücher zum FRESSEN gerne.
5 Am Anfang war er sich noch nicht so sicher
und versuchte, nur ein einzelnes Wort zu essen.
Einfach, um es mal zu probieren.
Als Nächstes versuchte er einen ganzen Satz
und dann eine ganze Seite.
10 Und tatsächlich, Henry schmeckten sie
wirklich sehr gut.

Bis Mittwoch hatte er schon ein
GANZES Buch gegessen.
Und am Ende des Monats konnte er
15 ein ganzes Buch in einem Rutsch verdrücken.
Henry aß alle Arten von Büchern gerne:
Erzählungen, Wörterbücher, Atlanten,
Witzbücher, Sachbücher, ja sogar Mathebücher.
Er verschlang sie in einem rasenden Tempo.

20 Und das Beste daran war:
Je mehr er aß, desto klüger wurde er.
In kurzer Zeit konnte er das Kreuzworträtsel
seines Vaters in der Zeitung lösen.
Und er war sogar klüger als die Lehrer an seiner Schule.
25 Henry liebte es, klug zu sein.

Wenn er so weitermachte – wer weiß – , vielleicht würde er dann ja
sogar der klügste Mensch der Welt.

Also machte er weiter mit dem Bücherfressen …

Und das machte ihn immer klüger … und klüger … und klüger.

30 Bald schon schaffte er nicht nur ein Buch auf einmal,
sondern drei oder vier Bücher über jedes Thema.

Henry war dabei nicht wählerisch, er wollte einfach alles wissen.

Doch dann lief es nicht mehr ganz so gut.

Um genau zu sein, es lief sehr, sehr schlecht.

35 Henry aß zu viele Bücher und noch dazu viel zu hastig.

Er fing an, sich ein bisschen krank zu fühlen.

Aber das Schlimmste war: Alles, was er lernte,

geriet durcheinander …

Er hatte einfach keine Zeit, es richtig zu verdauen.

40 Es wurde ziemlich peinlich für ihn zu sprechen.

Und auf einmal fühlte sich Henry überhaupt nicht mehr klug.

Mehr und mehr Leute sagten zu ihm: „Hör auf mit dem Bücherfressen!"

Also gab Henry das Bücherfressen auf und saß lange nur traurig da.

Was sollte er jetzt tun?

Oliver Jeffers

● Der Text ist:
  • ein Sachtext
  • eine Tiergeschichte
  • eine Fantasiegeschichte

● Wähle deine Lieblingsstelle
  zum Vorlesen aus.
  Übe mehrmals und lies die Stelle
  einem Partnerkind vor.

Die häufigsten Gespensterarten

Klappergespenster klappern mit allem,
was sie in die Hände bekommen.

Kellergespenster naschen gern.
Sie knabbern an allem Essbaren,
was sie im Keller finden können.

Feuergespenster knacken, knistern
und sind wasserscheu.
Lasst sie nicht ins Haus.

Klopfgespenster klopfen an Fenster
und Türen – einfach nur so.

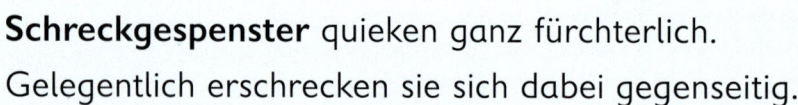

Schreckgespenster quieken ganz fürchterlich.
Gelegentlich erschrecken sie sich dabei gegenseitig.

Hajo Blank

🔴 Suche dir ein Kind zum **Partnerlesen**.
Übt gemeinsam, den Text flüssig vorzulesen.

🌈 Denke dir eine eigene Gespensterart aus.
Was könnte sie tun?
Schreibe auf oder erzähle.

Waldgespenster ...
Quietschgespenster ...
Bettgespenster ...
Grummelgespenster ...
Nebelgespenster ...
...

◐ altersgemäße Texte sinnverstehend lesen – **Basis**
◐ handelnd mit Texten umgehen: z. B. illustrieren, inszenieren, umgestalten, collagieren

Ein Geräusch, wie wenn einer versucht, kein Geräusch zu machen

Tom wachte auf, Tim aber nicht. Es war mitten in der Nacht.
„Hast du das gehört?", fragte Tom seinen Bruder.
Aber Tim war erst zwei.
Auch wenn er wach war, sprach er nicht viel.
Tom weckte seinen Vater auf und fragte ihn:
„Hast du dieses Geräusch gehört?"
„Wie hat es sich denn angehört?", wollte sein Vater wissen.
„Wie ein Monster mit ohne Arme und ohne Beine,
aber es hat versucht sich zu bewegen", sagte Tom.
„Wie kann es sich denn ohne Arme und ohne Beine bewegen?",
fragte der Vater.
„Es zappelt hin und her", sagte Tom. „Es rutscht auf seinem Fell."
„Ach, es hat also ein Fell?", fragte der Vater.
„Es zieht sich mit den Zähnen vorwärts", sagte Tom.
„Und Zähne hat es auch!", rief der Vater.
„Ich hab dir doch gesagt, dass es ein Monster ist!", sagte Tom.
„Aber was war das denn für ein Geräusch,
von dem du aufgewacht bist?", fragte der Vater.
„Es war so ein Geräusch, wie wenn in Mamis Schrank
ein Kleid lebendig wird und von seinem Kleiderbügel
runterklettern will", sagte Tom.
Es war ein Geräusch, wie wenn einer versucht,
kein Geräusch zu machen.

John Irving

🔴 Suche dir ein Kind zum **Partnerlesen**.
Übt gemeinsam, den Text flüssig vorzulesen.

🌈 Welche Geräusche beunruhigen dich manchmal?
Schreibe oder erzähle davon.

⊙ altersgemäße Texte sinnverstehend lesen – **Erweiterung**
⊙ eigene Gedanken zu Texten entwickeln, zu Texten Stellung nehmen und mit anderen über Texte sprechen

179

Lesemonster-Lesezeichen

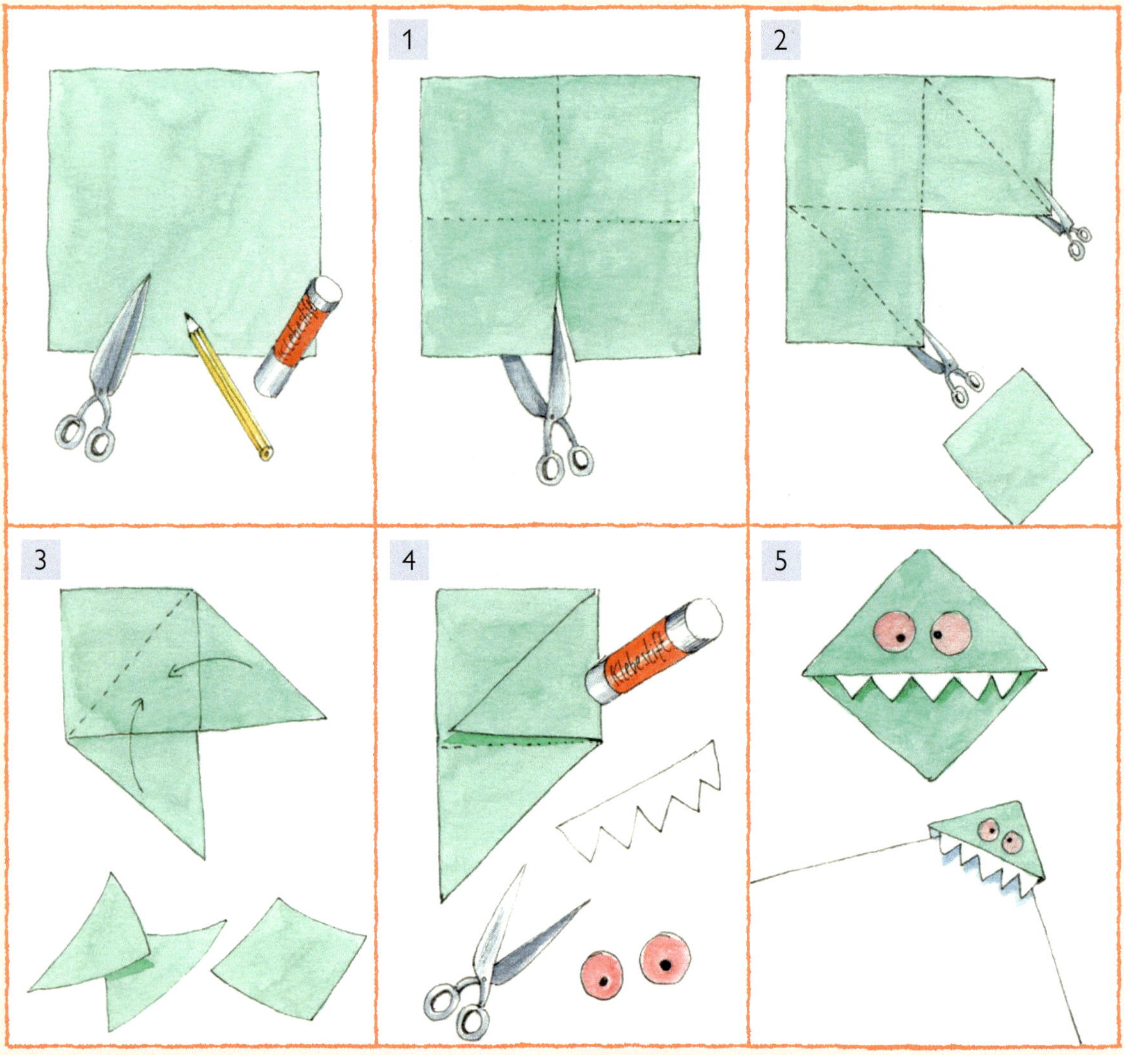

1

2

3

4

5

★ Gestalte ein Lesemonster oder ein anderes monstermäßiges Lesezeichen aus schönem Papier für deinen Freund oder deine Freundin.

Im Sommer

Heckenrosenzeit

Ich laufe barfuß durch das weiche Gras
auf meinem Rücken fühle ich das warme Licht
die Heckenrosen duften und sie stechen nicht
und wenn es regnet, werde ich nicht nass

Jutta Richter

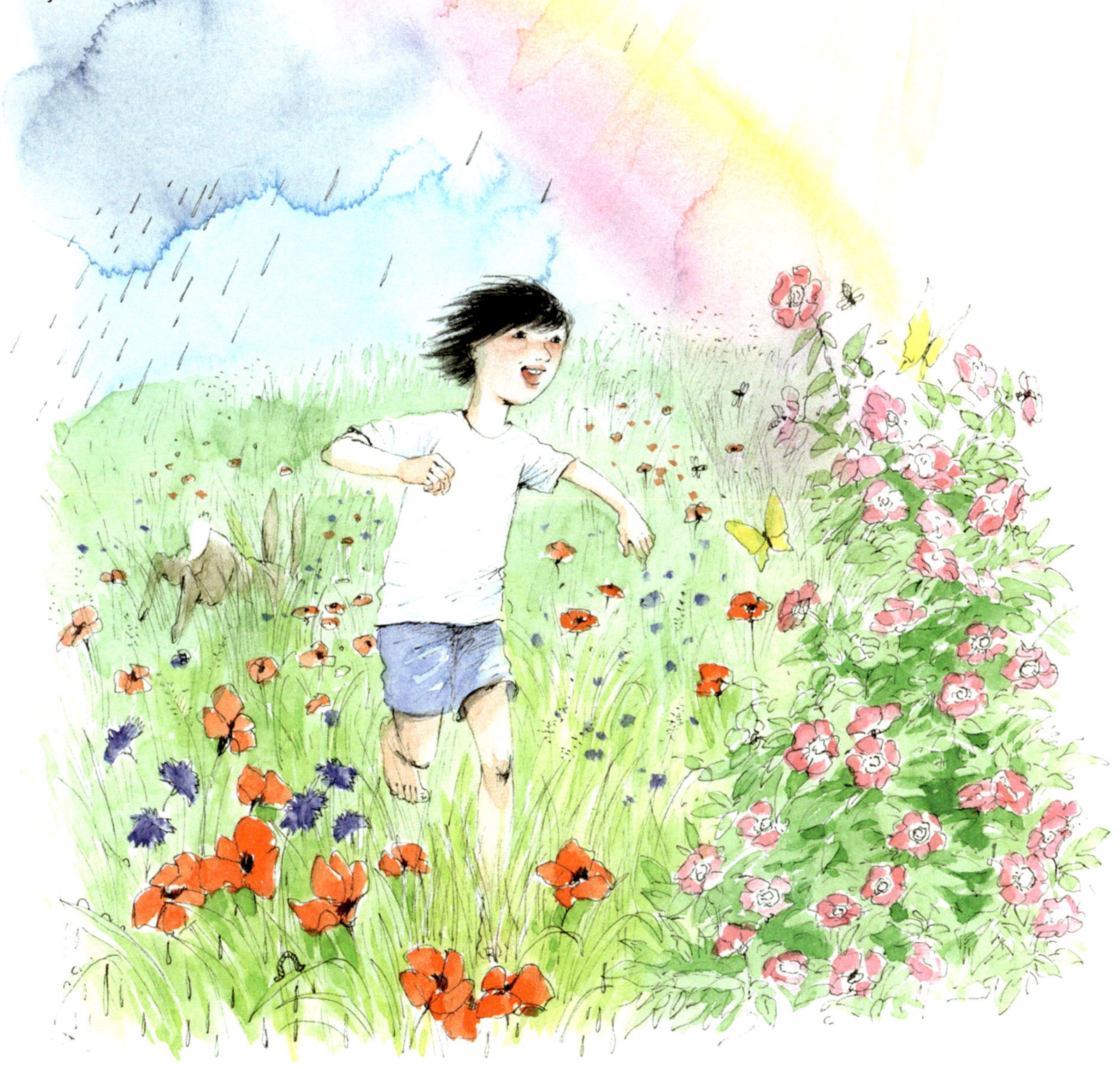

So kannst du Texte untersuchen und vergleichen

Schritt 1: untersuchen, worum es in den Texten geht

Lies die Überschriften. Schaue dir die Bilder an.

Worum geht es wohl?

Schritt 2: die Form der Texte untersuchen

Prüfe jeden Text.

• Ist es ein zusammenhängender Text,

z.B. eine Geschichte oder ein Sachtext?

• Sieht der Text wie ein Gedicht aus?

Schritt 3: die Texte vergleichen

Lies die Texte genau.

• Was erfährst du in den Texten?

• Was ist gleich, was ist unterschiedlich?

Aha, beide Texte handeln von der Natur.

In dem unteren Text erfahre ich etwas über eine Jahreszeit.

Alles Sommer

Alles juckt
alles rennt
alles zuckt
alles brennt

Alles schwitzt
alles gießt
alles sitzt
alles fließt

Alles Sommer

Erwin Grosche

Der Sommer

In Europa ist der Sommer die wärmste Jahreszeit.
Er beginnt mit dem längsten Tag des Jahres, dem 21. Juni.
Im Sommer ist es oft sehr heiß. Dann gehen alle am liebsten baden.
Bei großer Hitze kann man aber auch leicht einen Sonnenbrand
oder einen Sonnenstich bekommen.
Deshalb soll man die Haut oft eincremen
und einen Sonnenhut oder eine andere Kopfbedeckung tragen.

Im Sommer gibt es immer die längsten Ferien.
Das ist eine wunderschöne Zeit. Man kann sich in der Natur,
zu Hause oder auf einer Reise gut erholen.

● Vergleiche die beiden Texte miteinander.

● Worauf freust du dich im Sommer am meisten?
  Tausche dich mit einem Partnerkind aus.

◐ Unterschiede und Gemeinsamkeiten von Texten finden
◐ eigene Gedanken zu Texten entwickeln, zu Texten Stellung nehmen und mit
anderen über Texte sprechen   **AH** S.52   183

Gewitter

Der Regen peitscht.
Die Pappel heult.
Der Dachstuhl stöhnt.
Der Donner keult.

Der Donner ballert.
Die Blitze zacken,
als wollten sie
die Welt zerknacken.

Ich bleibe hinter
den Scheiben stehn.
Die Angst? –
Die kann ja keiner sehn.

Werner Lindemann

Das Gewitter

Gewitter kündigen sich mit großen Wolken und aufkommendem Sturmwind an.
In den Wolken wird kalte und warme Luft heftig durcheinandergewirbelt. Die kleinen Wassertropfen und Eisteile werden dabei hinauf- und hinuntergeschleudert.
Sie reiben, reißen und zerbrechen aneinander. Dadurch entsteht Elektrizität.
Es gibt einen riesigen Funken: den Blitz.
Die Luft, durch die der heiße Blitz rast, wird stark erhitzt. Mit einem Knall dehnt sie sich schlagartig aus.
Das Geräusch ist der Donner.

Angela Weinhold

Beim Vergleichen geht es um Inhalt und Form.

● Vergleiche die beiden Texte miteinander.

◉ Wie fühlst du dich bei Gewitter?
Tausche dich mit einem Partnerkind aus.

◆ Unterschiede und Gemeinsamkeiten von Texten finden
◆ eigene Gedanken zu Texten entwickeln, zu Texten Stellung nehmen und mit anderen über Texte sprechen

Gewitter

Aber plötzlich hat es ein fürchterliches Krachen gegeben.
Mein Fenster ist so laut zugeschlagen, dass ich davon aufgewacht bin.
Da habe ich den Donner gehört und wie der Wind an Mamas
Wäschetrockenständer gerüttelt hat.
5 Die Wäscheklammern haben richtig gescheppert.

Ich bin ganz schnell nach unten geflitzt.
Im Wohnzimmer war noch Licht,
und Mama und Papa haben Fernsehen geguckt.
„Ach du je, Tara, hat das Gewitter dich aufgeweckt?",
10 hat Mama gefragt. „Du hast doch keine Angst?"
Die Frage war aber natürlich nicht ernst gemeint.
Mama weiß ja, dass ich ein Gewitter-Fan bin.

Darum hat sie mir auch erlaubt,
dass ich das Licht im Wohnzimmer ausschalte,
15 und dann haben wir uns alle drei ans Fenster gestellt
und nach draußen geguckt.
Das habe ich so gemütlich gefunden.
Ich finde die Blitze so aufregend und den Donner.
Man stelle sich vor, dass die Natur das alles alleine macht!
20 Das ist doch ganz unglaublich.

Kirsten Boie

🔴 Suche alle Zeilen, in denen Geräusche bei Gewitter
beschrieben werden. Wie würdest du diese Zeilen lesen?
Probiere mit einem Partnerkind verschiedene Sprechweisen.

🔴 Was siehst du auf dem Bild?
Suche die passende Stelle im Text.

🌈 Wie stellst du dir einen Gewitter-Fan vor?
Tausche dich mit einem Partnerkind aus.

○ Texte genau lesen
○ gezielt einzelne Informationen suchen
○ lebendige Vorstellungen beim Lesen und Hören literarischer Texte entwickeln

185

Was ist aus dem Frosch geworden?

Vor zwei Jahren war ich mit
meinen Kindern in Holland am
Meer. Mein Sohn Clemens, der
damals drei Jahre alt war, hatte
5 fürs Meer einen großen grüngelben
Gummifrosch zum Aufblasen
bekommen.
Im Wasser setzte er sich auf den
Frosch und ritt mit ihm auf den
10 Wellen. Ich weiß nicht, ob ihr alle
Ebbe und Flut kennt.
Jedes Meer hat Ebbe und Flut.
Bei der Flut kommt das Wasser auf
das Land zu, bei der Ebbe geht es
15 vom Land weg.
Es geht weg mit einer solchen
Schnelligkeit, dass jemand, der bei
Ebbe im Meer schwimmt,
ungeheuer schnell aufs Meer
20 hinausgezogen wird. Darum soll
man bei Ebbe nicht schwimmen.
Clemens wusste das auch und tat
es nie. Aber er dachte, der Frosch
kann es, und plötzlich hörte ich ihn
25 schreien: Der Frosch haut ab!
Der Frosch haut ab!
Und ich sehe, wie der Frosch schon
ganz weit draußen auf dem Meer
ist. Ich bin noch ins Meer
30 hineingelaufen, um den Frosch zu
fangen, habe jedoch bemerkt,
wie mir der Sog die Füße wegzog,
bin dann stehen geblieben

und habe dem Frosch nach-
35 geschaut, der immer kleiner und
kleiner wurde.
Clemens heulte fürchterlich.
Er fragte mich: Wohin schwimmt
der Frosch denn nun?
40 Weil auf der anderen Seite des
Meeres England ist, sagte ich zu
ihm: Der Frosch ist morgen
wahrscheinlich schon in England.
Von da an dachte ich mir
45 Geschichten aus, die dem Frosch,
den wir bald nicht mehr sahen,
auf dem weiten Meer zugestoßen
sein könnten.

Peter Härtling

● Was bedeuten die Wörter **Ebbe** und **Flut**?
Erkläre es einem Partnerkind mithilfe des Textes.

● Was könnte der Frosch erleben? Male oder schreibe es auf.

○ bei Verständnisschwierigkeiten Verstehenshilfen anwenden: nachfragen,
Wörter nachschlagen
○ handelnd mit Texten umgehen: z. B. illustrieren, inszenieren, umgestalten, collagieren   **AH** S.53

ebbe/flut

```
ebbeebbeebbeebbeebbe
ebbeebbeebbeebbe       flut
ebbeebbeebbe       flutflut
ebbeebbe       flutflutflut
ebbe       flutflutflutflut
     flutflutflutflutflut
ebbe       flutflutflutflut
ebbeebbe       flutflutflut
ebbeebbeebbe       flutflut
ebbeebbeebbeebbe       flut
ebbeebbeebbeebbeebbe
ebbeebbeebbeebbe       flut
ebbeebbeebbe       flutflut
ebbeebbe       flutflutflut
ebbe       flutflutflutflut
     flutflutflutflutflut
ebbe       flutflutflutflut
ebbeebbe       flutflutflut
ebbeebbeebbe       flutflut
ebbeebbeebbeebbe       flut
ebbeebbeebbeebbeebbe
ebbeebbeebbeebbe       flut
ebbeebbeebbe       flutflut
ebbeebbe       flutflutflut
ebbe       flutflutflutflut
     flutflutflutflutflut
ebbe       flutflutflutflut
ebbeebbe       flutflutflut
ebbeebbeebbe       flutflut
ebbeebbeebbeebbe       flut
ebbeebbeebbeebbeebbe
ebbeebbeebbeebbe       flut
ebbeebbeebbe       flutflut
ebbeebbe       flutflutflut
ebbe       flutflutflutflut
     flutflutflutflutflut
```

Timm Ulrichs

Wenn du in den
Ferien in Bayern bist,
frage einmal, was fertich
samma heißt. Oder kannst
du es vermuten?

Die Luftmatratze

Luftma-
Lufttra-
Luftma-
Lufttra-
Luftma-
Lufttra-
Luftmatratze erste Kammer
Luftma-
Lufttra-
Luftma-
Lufttra-
Luftma-
Lufttra-
Luftmatratze zweite Kammer
Luftma-
Lufttra-
Luftma-
Lufttra-
Luftma-
Lufttra-
Luftmatratze fertich samma!

Erwin Grosche

🌈 Überlege gemeinsam mit einem Partnerkind,
wie man diese Gedichte sprechen kann.

🔴 Was haben die Texte **ebbe/flut** und
Was ist aus dem Frosch geworden? gemeinsam?

▸ selbst gewählte Texte zum Vorlesen vorbereiten und sinngestaltend vorlesen
▸ Unterschiede und Gemeinsamkeiten von Texten finden

187

Wörtertreppen

Vanille	Sommer
Vanilleeis	Sommerwetter
Vanilleeisbecher	Sommerwetterbericht

Welche Eissorten gibt es?

Vanille   Zitrone

Erdbeere   Waldmeister   Stracciatella

Schokolade   Banane

Aus welcher Stadt kommen die Autos?
Verbinde mit einem Papierstreifen.

1 BRB		B Brandenburg
2 DD	A Berlin	B Duisburg
3 HRO	A Dresden	B Hansestadt Rostock
4 EF	A Hannover	B Erfurt
	A Essen	

Was liegt am Strand und spricht undeutlich?

Eine Nuschel

1. Übung zur Segmentierung
2.–3. Übungen zum Aufbau der Sinnerwartung
4. Übung zum Überprüfen der Sinnerwartung

Lösungen S.196

Ein Kuckucksei in jeder Zeile

Sommerwetter   Sommerwind   Sonnenblume   Sommerferien

Eisbecher   Eislöffel   Eisschrank   Eierbecher   Eiswaffel

Badetuch   Badehose   Badeanzug   Badewanne   Bandwurm

Knobelei

Familie Maier fährt mit dem Auto in die Schweiz.

Damit sich alle ein bisschen erholen können, macht die Familie immer nach zwei Stunden Autofahrt eine Pause.

Nach zehn Stunden Fahrt ist Familie Maier am Urlaubsort.

Wie viele Pausen hat sie gemacht?

Wolkengedicht

Die Wolke dort oben
hat Wasser im Bauch.
Glaubst du, sie regnet,
wenn man sie ✱ ✱ ✱ ?
Oder es kitzelt sie nur,
und sie regnet ✱ ✱ ✱ ?

Ende vom ✱ ✱ ✱ .

Georg Bydlinski

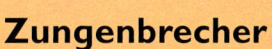

Zungenbrecher

Auf den sieben Robbenklippen

sitzen sieben Robbensippen,

die sich in die Rippen stippen,

bis sie von den Klippen kippen.

1.–2. Übungen zum Überprüfen der Sinnerwartung
3. Übung zum Aufbau der Sinnerwartung
4. Übung zur Segmentierung

Lösungen S.196   189

Die Delfine

Lilli kann mit Tieren sprechen.
Im Urlaub gerät sie bei ihrem ersten
Schwimmversuch in der Nordsee
in Gefahr. Sie wird von der Strömung
5 *aufs Meer hinausgezogen …*

Lilli ruderte hilflos im Wasser und
spürte, dass ihre Kräfte langsam
nachließen. Eine Welle nach der
anderen schlug ihr ins Gesicht,
10 und ihre Arme und Beine wurden
schwerer und schwerer. Ihr kam
der entsetzliche Gedanke,
dass sie ertrinken könnte.

Plötzlich hörte sie ein keckerndes
15 Lachen. Doch nein, es war kein
Lachen, es waren Worte.
Oder irrte sie sich?

„Das Menschenkind schwimmt wie
ein Hund", glaubte Lilli
20 eine Stimme sagen zu hören.
„Warum macht es das?"
„Es klappt nicht besonders gut",
antwortete eine zweite Stimme.
„Das wird untergehen, wenn es
25 so weitermacht."
Lilli blickte sich nach allen Seiten
um, doch sie sah nichts. „Wir
müssen ihr helfen, sonst ertrinkt
sie", sagte eine dritte Stimme ganz
30 nah an ihrem Ohr.
Lillis Kopf fuhr herum.

Da, direkt neben ihr, schwamm
ein Delfin! Sie konnte es kaum
fassen. Bildete sie sich das
35 vielleicht nur ein? Nein, es war
wirklich ein Delfin.

Seine klugen Augen musterten sie
besorgt. Und da war noch einer,
und noch einer!
40 Die bläulich grauen Tiere
schwammen um Lilli herum,
umkreisten sie immer wieder und
beobachteten sie.

Währenddessen stießen sie hohe
45 Töne aus, die Lilli anfangs für
Gelächter gehalten hatte.
Aber es war kein Gelächter, es war
ihre Sprache. Delfinsprache.
Sie verständigten sich über
50 komplizierte Klick- und Pfeiftöne,
an deren Klang Lilli sich erst
gewöhnen musste.

Doch schon nach wenigen
Augenblicken hatte sie sich
55 auf die rasche Abfolge der
Klicklaute eingestellt und
verstand genau, was die
Delfine sagten.

Tanya Stewner

● Delfine verständigen sich über Klick- und Pfeiflaute.
Stimmt das?

🌈 Wie stellst du dir Lillis Rettung vor? Tausche dich mit einem Partnerkind aus.

● Aussagen mit Textstellen belegen
● lebendige Vorstellungen beim Lesen und Hören literarischer Texte entwickeln

Gibt es in der Nordsee Delfine?

Delfine gehören zur Gruppe der Zahnwale.
Typisch für alle Delfine sind eine spitze Schnauze,
eine sichelförmige Rückenflosse und ein schlanker,
geschmeidiger Körper.
5 Sie sind gute und schnelle Schwimmer und gelten
als sehr intelligent.
Die meisten Delfinarten leben in allen Weltmeeren,
einige Arten leben nur in tropischen Gewässern.
Auch in der Nordsee gibt es Delfine.
10 Hier lebt zum Beispiel der Große Tümmler.
Er ist der Größte unter den Delfinen und kann
bis zu 37 Jahre alt werden.
Vor einigen Jahren hat eine Gruppe von Delfinen
einem Seemann, der in
15 der Nordsee über Bord
gegangen war,
das Leben gerettet.
Die Delfine schwammen
um den Seemann herum.
20 Dadurch wurde man auf ihn
aufmerksam, und er konnte
gerettet werden.

🔴 Vergleiche den Text auf der linken mit dem Text auf der rechten Seite.
Welcher Text informiert über Delfine?
Welcher Text erzählt eine Geschichte über Delfine?
Begründe.

Vom kleinen Drachen Kokosnuss

Angelausflug 1

Kokosnuss und Oskar wollen einen Angelausflug machen.

Kokosnuss: Dieses Boot können wir nicht benutzen.
Das hat doch hundert Löcher!

Oskar: Na und? Die sieht doch keiner,
weil sie alle unter der
Wasseroberfläche liegen.

Ausflug mit dem Floß

Kokosnuss, Matilda und Oskar fahren mit ihrem Floß dort,

wo der Fluss Mo ins Meer mündet.

Matilda: Seht ihr die länglichen grünen Dinger im Wasser?
Die sehen gefährlich aus.

Kokosnuss: Keine Angst, Matilda, wo Krokodile sind,
sind wir vor Haien sicher!

Angelausflug 2

Kokosnuss macht seinem Opa nach dem Angelausflug ein Angebot:

Kokosnuss: Heute sind mir so viele Fische ins Netz gegangen.
Nimm doch welche mit nach Hause, Opa!

Opa: Vielen Dank, aber kannst du mir die Fische bitte zuwerfen?
Dann kann ich zu Oma sagen, ich hätte sie selbst gefangen.

Ingo Siegner

● Suche dir ein Kind zum **Partnerlesen**.
Übt gemeinsam, den Text flüssig vorzulesen.

● Was sind das für Texte? Begründe.

Gedichte   Briefe   Witze

Urlaubsreise

Herr Ameis sprach zur Ameisin:
„Wo fahren wir im Urlaub hin?"

Frau Ameisin zum Ameis sprach:
„Ich denk, da denken wir mal nach."

Herr Ameis meinte seinerseits:
„Wie wäre es denn mit der Schweiz?"

Dann schlug er vor: Ecuador,
Kalkutta, Kairo, Ratibor,

Belutschistan, Südafrika,
Peru, New York und Kanada –

worauf Frau Ameisin entschied:
„Genug, wir bleiben in Neuwied"

(da wohnten sie schon lange Zeit),
„denn alles andre ist zu weit."

Rudolf Otto Wiemer

● Suche dir ein Kind zum **Partnerlesen**.
Übt gemeinsam, den Text flüssig vorzulesen.

● Denke dir weitere Reiseziele aus.
Nutze einen Atlas oder das Internet.
Schreibe eine neue Strophe.

▷ altersgemäße Texte sinnverstehend lesen – **Erweiterung**
▷ handelnd mit Texten umgehen: z. B. illustrieren, inszenieren, umgestalten, collagieren
▷ Informationen in Druck- und – wenn vorhanden – elektronischen Medien suchen

193

★ Liebe Klasse 2a,

sicherlich freut ihr euch auf eure Ferien.
Bestimmt werdet ihr viel erleben
mit euren Freunden und Freundinnen,
bei euch zu Hause oder bei den Großeltern.
Vielleicht verreist ihr auch auf einen Bauernhof,
ins Gebirge oder an einen See.

Sammelt in den Ferien Dinge, die euch
an etwas Schönes, Interessantes, Lustiges
oder Spannendes erinnern. Das kann eine Feder,
eine Muschel, eine Eintrittskarte oder … sein.
Ihr könnt dazu auch etwas malen oder aufschreiben.
Bringt eure Fundstücke bitte am ersten Schultag
nach den Ferien mit in die Schule.
Dort könnt ihr sie den anderen vorstellen und darüber
erzählen.

Ich wünsche euch erholsame Sommerferien
und freue mich auf das Wiedersehen!

Eure Lehrerin / Euer Lehrer

Fachbegriffe (Glossar):

die Autorin/der Autor: Eine Autorin/ Ein Autor schreibt Texte, z.B. für Bücher oder für Zeitungen.

das Gedicht: Gedichte sind kleine Kunstwerke aus Wörtern. Meist sind sie in kurzen Zeilen (→ Versen) geschrieben. Oft reimen sich Gedichte.

die Geschichte: Geschichten erzählen etwas, was wirklich geschehen ist oder was sich jemand ausgedacht hat.

die Legende: Eine Legende ist eine Geschichte über das Leben der Heiligen, die mit Gottes Hilfe Wunder vollbringen. Diese Heiligen werden vorbildlich und gottgefällig dargestellt, um die Leser oder Hörer zu belehren.

das Märchen: Märchen sind besondere → Geschichten, die früher nur mündlich weitergegeben wurden. Viele Märchen beginnen mit „Es war einmal". Im Märchen ereignen sich wunderbare Dinge, die in der Wirklichkeit nicht passieren können. Es kommen merkwürdige Wesen, wie z.B. Hexen und Feen, Riesen und Zwerge oder sprechende Tiere, vor. Am Ende siegt immer das Gute.

der Reim: Als Reim bezeichnet man gleich klingende Enden von zwei → Versen (Endreim).

der Sachtext: Sachtexte informieren über Dinge, Ereignisse oder Zusammenhänge, die es wirklich gibt oder gegeben hat.

die Strophe: → Gedichte und Lieder haben meist mehrere Strophen. Eine Strophe besteht aus Zeilen (→ Versen), die sich oft reimen.

der Titel: Ein Titel ist der Name eines Buches (Buchtitel). Auch Filme haben einen Titel.

der Verlag: Im Buchverlag werden Bücher entwickelt. Im Zeitschriftenverlag werden Zeitschriften entwickelt.

der Vers: Eine Reihe nebeneinanderstehender Wörter sind eine Zeile; man nennt sie in einem Gedicht Vers.

Lösungen von den Magazinseiten

20/21 nicht in den Schulranzen gehört: Meerschweinchen; Was bleibt übrig? … Wörter füllern; Kuckuckseier: Buntspechte, Wale, rudern, Beete; 8 Gegenstände: Heft, Buch, Lineal, Füller, Pinsel, Schere, Kleber, Radierer

34/35 versteckte Tiere: Maus, Igel, Laus; Obstsalat: Äpfel, Birnen, Nüsse, Pflaumen, Trauben; Herbstwörter: Kastanien, Drachen, Wind, Blätter, Nüsse/Nässe, Regen

54/55 Puppe, Buch, Blumen, Rasenmäher; 8 Familienmitglieder: Bruder, Cousin, Vater, Mutter, Schwester, Onkel, Tante, Nichte; übrig bleibt: Onkel; Knobelei: Micha wird heute 8 Jahre alt.

70/71 Märchen: Rotkäppchen; Dornröschen: Apfel, Spiegel; Figuren: Prinz, König, Zwerg, Fee, Hexe, Räuber

84/85 4 Tiere: Wildschwein, Hase, Vogel, Reh; Kuckuckseier: Jaguar, Jahre, Jacken; Sprüche: brennt, so weit, freuen, Haus, Leckerei, See; Das gibt es nicht: Adventssee, Weihnachtsschleim, Nikolaustanne; Geschenke: Computer, Spielzeugauto, Abenteuerbuch, Babypuppe, Würfelspiel

100/101 Toms Freund: Nr. 3; Pippi Langstrumpf, Thomas und Annika; Max und Moritz; Das Sams und Herr Taschenbier; Die wilden Kerle; Jim Knopf und Lukas, der Lokomotivführer; Kiras Freundin heißt Merle; Knobelei: Der Zug hat 7 Waggons; Scherzfrage: Apfelmus

116/117 1: Schneeglöckchen, 2: Veilchen, 3: Kuckuck, 4: Löwenzahn, 5: Weidenkätzchen, 6: Schlüsselblume, 7: Storch, 8: Ei; Faule Eier: Eistüte, Frühlingsbluse, Ostsee; Ei Ei: 1B, 2D, 3A, 4C

130/131 Füße: 1: Elefant, 2: Ente, 3: Zebra, 4: Löwe; Schlamm, Beule, Kaffee, Parkuhr, Rente, Stromausfall, Sommerabend, Leselampe; Knobelei: Lolo ist am größten; Scherzfragen: Das L, der Angsthase; Tiere: Vogel, Spinne, Käfer, Ratte, Raupe

144/145 Länder: Ungarn, Frankreich, Polen, Russland, Schweden, Türkei; Verdrehtes Buchstabenmenü: Nudelsuppe, Gurkensalat, Himbeeren; Liest du viel und reist du viel, siehst du viel und weißt du viel.

160/161 Wer ist wer? 1B, 2C, 3D, 4A; Tierfilm, Bücherregal, Liederbuch, Pferdebuch, Kinderkrimi, Zeitschrift; Gedicht: Bücherwurm, Seiten, Leseratte, Buch; 1B, 2C, 3A

174/175 Zauberspruch: weh, Zeh, -ohr, her; Grusel-Eier: Geheimniskiste, Himbeeren, Mondschein; Wahr oder gelogen? Lösungswort: GEIST; Was gehört zusammen? 1D, 2C, 3B, 4A; Gespensterfest: Fledermaussalat, Hexensuppe, Vampirpudding, Monsterspagetti, Spinnenmarmelade, Gespensterkuchen, Spukkekse, Hexeneis

188/189 Eissorten: Vanille, Erdbeere, Zitrone, Waldmeister, Schokolade, Stracciatella, Banane; 1B, 2A, 3B, 4B; Kuckuckseier: Sonnenblume, Eierbecher, Bandwurm; Knobelei: Familie Maier macht vier Pausen.

Inhalt nach dem Abc

Quellen

Textquellen

S. 66
Andersen, Hans Christian: Prinzessin auf der Erbse (bearb.). Aus: Sämtliche Märchen und Geschichten. Hrsg. von Leopold Magon. Aus dem Dänischen übertragen von Eva-Maria Blühm und Gisela Perlet. Berlin: Aufbau Verlag 1982
S. 15
Andresen, Ute: Zirkuskinder (gek.). Aus: Eva Maria Blühm: ABC und alles auf der Welt. © 1984 Beltz & Gelberg in der Verlagsgruppe Beltz, Weinheim/Basel
S. 61
Anger-Schmidt, Gerda: Streiten? Lernen? Oder was? (bearb.) Aus: Der Hund ist rund – na und? Wien: Dachs-Verlag 2006
S. 189
Auf den sieben Robbenklippen … Aus: Mascha Schwarz (Hrsg.): Ein Hut, ein Stock, ein Regenschirm. Berlin: Tulipan Verlag 2013
S. 178
Blank, Hajo: Die häufigsten Gespensterarten (gek.). Aus: Vorsicht, Geisterstunde! Münster: Coppenrath Verlag 1998
S. 167
Blume, Bruno: Mitten in der Nacht (Auszug). Frankfurt am Main: Fischer Verlag 2002
S. 185
Boie, Kirsten: Gewitter (Titel hinzugefügt, Auszug, gek.). Aus: Sommer im Möwenweg. Hamburg: Verlag Friedrich Oetinger 2002
S. 50
Boie, Kirsten: Manches ist bei Paule anders (gek.). Aus: Paule ist ein Glücksgriff. Hamburg: Verlag Friedrich Oetinger
S. 137
Borchers, Elisabeth: Was ich dir wünsch? Aus: Geburtstagsbuch für Kinder. Frankfurt am Main: Insel Verlag 1982
S. 83
Bräunling, Elke: Er war da. Aus: Kerstin Kipker (Hrsg.): Von drauß' vom Walde komm ich her … Die schönsten Weihnachtsgedichte. Würzburg: Arena Verlag 1997
S. 113
Brecht, Bertolt: Veilchen. Aus: Alfabet, Gesammelte Werke in 20 Bänden, Band 9, S.514. Frankfurt am Main: Suhrkamp 1967
S. 10
Budde, Nadia: Ein Yak mit Axt (Titel hinzugefügt, Auszug). Aus: Trauriger Tiger toastet Tomaten. Wuppertal: Peter Hammer Verlag 2006
S. 31
Bull, Bruno Horst: Vogelabschied. Aus: Ute Andresen (Hrsg.): Im Mondlicht wächst das Gras. Ravensburg: Ravensburger Buchverlag Otto Maier 1991
S. 121
Busch, Wilhelm: Rotkehlchen. Aus: Reime – Gedichte – Geschichten für den Kindergarten. Berlin: Volk und Wissen Verlag 1977
S. 29
Bydlinski, Georg: Herbst. Aus: Wolf Harranth, Christine Sormann (Hrsg.): Im Pfirsich wohnt der Pfirsichkern. Mödling-Wien: Verlag St. Gabriel 1994
S. 102
Bydlinski, Georg: Wann Freunde wichtig sind. Aus: Wolf Harranth, Christine Sormann (Hrsg.): Im Pfirsich wohnt der Pfirsichkern. Mödling-Wien: Verlag St. Gabriel 1994
S. 171
Bydlinski, Georg: Wenn du ein Gespenst kennst. Aus: Wasserhahn und Wasserhenne. Wien: Dachs Verlag 2002
S. 189
Bydlinski, Georg: Wolkengedicht (bearb.). Aus: Wasserhahn und Wasserhenne. Wien: Dachs-Verlag 2002, S.49
S. 90
Casas, Lola: Mein Bett. Deutsch von Ilse Layer. Aus: Internationale Jugendbibliothek München (Hrsg.): Arche Kinder Kalender 2012. Zürich-Hamburg: Arche Kalender Verlag Raabe + Vitali 2011
S. 104
Çelik, Aygen-Sibel: Sinan und Felix. Pulheim: SchauHör Verlag 2014
S. 159
Child, Lauren: Das ist aber total mein Buch (bearb.). Deutsch von Karen Thilo und Martin Frei-Borchers. Frankfurt am Main: Fischer Taschenbuch Verlag 2007
S. 162
Colfer, Eoin: Tim in der Bibliothek. (Titel hinzugefügt, Auszug, gek.). Aus: Tim und das Geheimnis von Knolle Murphy. Deutsch von Brigitte Jakobeit. © 2009 Beltz & Gelberg in der Verlagsgruppe Beltz, Weinheim/Basel S.99
S. 132
Cottin, Menena: Das schwarze Buch der Farben (gek.). Deutsch von Helga Preugschat. Frankfurt am Main: S. Fischer Verlag 2008
S. 132
Creech, Sharon: Der beste Hund der Welt (Auszug). Aus dem Amerikanischen von Adelheid Zöfel. Frankfurt am Main: S. Fischer Verlag 2007

S. 68
Die große Rübe. Nach einem russischen Volksmärchen. Aus: Reime-Gedichte-Geschichten für den Kindergarten. Berlin: Volk und Wissen Verlag 1974
S. 141
Die Hände vor dem Herzen (bearb.). Ledu, Stéphanie: Mein erstes Lexikon der Kinder dieser Welt. Aus dem Französischen von Nadine Scherr. Esslingen: Esslinger Verlag J. F. Schreiber 2011
S. 154
Drehbücherei. Aus: http://bildungsserver.berlin-brandenburg.de/drehbuecherei.html
S. 164
Frick-Gerke, Christine: Bücher kann man lesen. Aus: Hans-Joachim Gelberg: Die Erde ist mein Haus. 8. Jahrbuch der Kinderliteratur. © 1988 Beltz & Gelberg in der Verlagsgruppe Beltz, Weinheim/Basel
S. 44
Fritzke, Erna: Blätterfall. Aus: Hans-Otto Tiede (Hrsg.): Sieben Blumensträuße. Reime und Gedichte für den Kindergarten. Berlin: Volk und Wissen Verlag, 5. Aufl. 1989
S. 16
Fühmann, Franz: In der Kuchenfabrik. Aus: Die dampfenden Hälse der Pferde im Turm von Babel. Rostock: Hinstorff Verlag 2005
S. 170
Funke, Cornelia: Gespensterjäger auf eisiger Spur (Auszug, gek.). Bindlach: Loewe Verlag 2010
S. 165
Furtado, Jo: Tut mir leid! 12 fabelhafte Ausreden für vergessliche Kinder (bearb.). Deutsch von Jessica Schmitz. Reinbek: Carlsen Verlag 1988
S. 65
Grimm, Jakob und Wilhelm: Der süße Brei (bearb.). Aus: Kinder- und Hausmärchen gesammelt durch die Brüder Grimm. (insel taschenbuch 829), Frankfurt am Main: Insel Verlag 1974
S. 72
Grimm, Jakob und Wilhelm: Im Haus der Großmutter (Titel hinzugefügt, bearb.). Aus: Kinder- und Hausmärchen (Rotkäppchen). Berlin: Verlag Neues Leben 1985
S. 127
Grömminger, Arnold: Inga. Aus: Fächerverbindende Themen für das 1. und 2. Schuljahr, Reihe Unterrichtsideen. Leipzig: Ernst Klett Grundschulverlag 1995
S. 183
Grosche, Erwin: Alles Sommer. Aus: Wenn mein Dackel Flügel hätte. Köln: Boje Verlag 2010
S. 187
Grosche, Erwin: Die Luftmatratze. Aus: König bin ich gerne. München: Omnibus/cbj 2006
S. 78
Grosche, Erwin: Märchen-Adressen. Aus: Hans-Joachim Gelberg (Hrsg.): Oder die Entdeckung der Welt. © 1997 Beltz & Gelberg in der Verlagsgruppe Beltz, Weinheim/Basel
S. 91
Grosche, Erwin: Wintereinbruch (gek.). Aus: Wenn mein Dackel Flügel hätte. Köln: Boje Verlag 2010
S. 112
Guggenmos, Josef: Die Tulpe. Aus: Was denkt die Maus am Donnerstag? © 1998 Verlag Beltz & Gelberg in der Verlagsgruppe Beltz, Weinheim/Basel
S. 37
Guggenmos, Josef: Fritz Stachelwald. Aus: Was denkt die Maus am Donnerstag? © 1998 Beltz & Gelberg in der Verlagsgruppe Beltz, Weinheim/Basel
S. 44
Guggenmos, Josef: Im Oktober. Aus: Groß ist die Welt. Weinheim/Basel: © 2006 Beltz & Gelberg in der Verlagsgruppe Beltz, Weinheim/Basel
S. 166
Guggenmos, Josef: Meine Bücher (bearb.). Aus: Das kunterbunte Kinderbuch. Freiburg im Breisgau: Herder Verlag 1987
S. 63
Hänsel und Gretel verliefen sich im Wald (Kinderlied um 1900)
S. 153
Harranth, Wolf: Nimm ein Buch. Aus: Hans-Joachim Gelberg (Hrsg.): Überall und neben dir. Gedichte für Kinder. © 1993 Beltz & Gelberg in der Verlagsgruppe Beltz, Weinheim/Basel
S. 186
Härtling, Peter: Was ist aus dem Frosch geworden? (gek.). Aus: Hans-Joachim Gelberg (Hrsg.): Erstes Jahrbuch der Kinderliteratur. Geh und spiel mit dem Riesen. 2. Aufl., © 1981 Beltz & Gelberg in der Verlagsgruppe Beltz, Weinheim/Basel
S. 157
Heinlein, Sylvia: Die Sache mit den Superhelden (bearb.). Berlin: Tulipan Verlag 2009
S. 169
Heinrich, Finn-Ole: Frerk, du Zwerg! (Auszug, bearb.). © arsEdition GmbH, München. 2011 erschienen in der Bloomsbury Verlag GmbH Berlin
S. 103
Hoenig, Verena: Sandkastenfreunde (Originaltitel: Sandkastenliebe). Aus: Der Bunte Hund 11/2007

S. 27
Hofbauer, Friedl: Wenn ein Löwe in die Schule geht (Auszug). Wien/München: Annette Betz Verlag 1993
S. 22
Hoffmann von Fallersleben, Heinrich: Der Weg zur Schule. Aus: Reime-Gedichte-Geschichten für den Kindergarten. Berlin: Volk und Wissen Verlag 1974
S. 41
Ich geh' mit meiner Laterne (Volkslied)
S. 117
Kuckuck, Kuckuck, ruft's aus dem Wald (Volkslied)
S. 150
Interview mit Tomas (gek.). Aus: Beatrix Schnippenkoetter: Ich wäre gern ein Huhn: Was Kinder aus aller Welt erleben und sich erträumen. Frankfurt am Main: Fischer Taschenbuch Verlag 2008 (© Campus Verlag GmbH, Frankfurt am Main 2006)
S. 151
Interview mit Triana (gek.). Aus: Beatrix Schnippenkoetter: Was siehst du, wenn du aus dem Fenster schaust? Frankfurt am Main: © Campus Verlag 2011
S. 179
Irving, John/Hauptmann, Tatjana (Ill.): Ein Geräusch, wie wenn einer versucht, kein Geräusch zu machen (Auszug, gek.). Aus dem Amerikanischen von Irene Rumler. Copyright der deutschsprachigen Ausgabe © 2003 Diogenes Verlag AG Zürich
S. 79
Janisch, Heinz: Wenn es schneit. Aus: Ich schenk dir einen Ton aus meinem Saxofon. Wien: Jungbrunnen 1999
S. 113
Janosch: Der Frühling. Aus: Die Maus hat rote Strümpfe an – Janosch's bunte Bilderwelt. © 1997 Beltz & Gelberg in der Verlagsgruppe Beltz, Weinheim/Basel
S. 176
Jeffers, Oliver: Der unglaubliche Bücherfresser (Auszug, gek.). Übersetzt von Sarah Haag. Hamburg: Verlag Friedrich Oetinger 2007 © Harper Collins Publ., London
S. 113
Kahlau, Heinz: Die Glockenblume. Aus: Der Rittersporn blüht blau im Korn. Weinheim-Basel: Der Kinderbuchverlag in der Verlagsgruppe Beltz 2009
S. 145
Kartal kalkar … Aus: Silvia Hüsler-Vogt: Tres tristes tigres … Drei traurige Tiger. Freiburg: Lambertus Verlag 1989
S. 146
Kilaka, John: Gute Freunde (gek.) Aus dem Englischen von Anna Katharina Ulrich. Stolberg: Atlantis Verlag 2004
S. 25
KNISTER: Hexe Lillis Zaubertrick (Titel hinzugefügt, Auszug, gek.). Aus: Hexe Lilli zaubert Hausaufgaben. Würzburg: Edition Bücherbär im Arena Verlag, 16. Aufl. 1994
S. 32
KNISTER: Schnupfenzeit. Aus: Hatschi. Das kunterbunte SchnupfenNasenBuch. Würzburg: Arena Verlag 1990
S. 129
Koch, Karin: Am liebsten eine Katze (Auszug). Wuppertal: Peter Hammer Verlag 2010
S. 95
Kordon, Klaus: Ich bin ein Wunder. Aus: Hans-Joachim Gelberg (Hrsg.): Die achte Weltwunder. © 1979 Beltz & Gelberg in der Verlagsgruppe Beltz, Weinheim/Basel
S. 81
Kruse, Max: Beobachtung. Aus: Hans-Joachim Gelberg (Hrsg.): Überall und neben dir. Gedichte für Kinder. © 1986 Beltz & Gelberg in der Verlagsgruppe Beltz, Weinheim/Basel
S. 174
Kruse, Max: Zauberspruch. Aus: Ute Andresen (Hrsg.): Im Mondlicht wächst das Gras. Ravensburger Buchverlag Otto Maier 1991
S. 155
Krüss, James: Das Lesen. Aus: Der Zauberer Korinthe und andere Gedichte. Hamburg: Verlag Friedrich Oetinger 1982
S. 11
Krüss, James: Wenn das M nicht wär' erfunden (bearb.). Aus: Bienchen, Trinchen, Karolinchen. Erlangen: Boje Verlag 1968
S. 45
Kunze, Reiner: Die Sonntagmorgenmeise. Aus: Wohin der Schlaf sich schlafen legt. Gedichte für Kinder. Frankfurt am Main: S. Fischer 1991
S. 184
Lindemann, Werner: Gewitter. Aus: Hans-Otto Tiede (Hrsg.): Sieben Blumensträuße. Reime und Gedichte für den Kindergarten. Berlin: Volk und Wissen Verlag, 5. Aufl. 1989
S. 114
Lindemann, Werner: Ostermorgen. Aus: Aus dem Drispether Bauernhaus. Berlin: Edition Holz für Der Kinderbuchverlag 1981
S. 48
Lindgren, Astrid: Die Kinder aus der Krachmacherstraße (Auszug). Deutsch von Thyra Dohrenburg. Hamburg: Verlag Friedrich Oetinger 1992

S. 48
Lindgren, Astrid: Die Kinder aus der Krachmacherstraße (Auszug). Deutsch von Thyra Dohrenburg. Hamburg: Verlag Friedrich Oetinger 1992
S. 98
Löwe, Leo: Ich kann was Tolles. Und was kannst du? (Auszug). Witzenhausen: Grätz Verlag 1995
S. 143
Lugert, Verena: Essen anderswo – zum Beispiel in Japan. Aus: Völker unserer Erde. Aus der Reihe: Kosmos-Uni für Kinder. Stuttgart: Franckh-Kosmos VerlagsGmbH & Co. KG 2004
S. 106
Maar, Anne: Wer gibt nach? (Titel hinzugefügt, Auszug). Aus: Fußball und Zitroneneis. Berlin: Tulipan Verlag 2011
S. 54
Maar, Paul: Der Bauklotz. Aus: Anne will ein Zwilling werden. Hamburg: Verlag Friedrich Oetinger 1982
S. 136
Maar, Paul: Ein Gespräch. Aus: JAguar und NEINguar. Hamburg: Verlag Friedrich Oetinger 2007
S. 23
Maar, Paul: Jakob und der große Junge (Auszug, gekürzt). Hamburg: Verlag Friedrich Oetinger 2001
S. 21
Maar, Paul: u oder n? (Titel hinzugefügt). Aus: Kreuz und Rüben, Kraut und quer. Hamburg: Verlag Friedrich Oetinger 2004
S. 52
MacDonald, Alan: Oma gibt Gas (Titel hinzugefügt, Auszug, gek.). Aus: Rocco Randale. Achterbahn mit Oma. Übersetzt von Monika Osberghaus. Leipzig: Klett Kinderbuch 2011
S. 108
Mai, Manfred: Leicht und schwer. Aus: Kunterbunte 1,2,3-Minutengeschichten. Ravensburg: Ravensburger Buchverlag Otto Maier 2006
S. 73
Mai, Manfred: Rotkäppchen. Aus: Die 100 besten 1,2,3-Minutengeschichten. Ravensburg: Ravensburger Buchverlag Otto Maier 2004
S. 161
Maiwald, Peter: Der Wurm und die Ratte. Aus: Die Mammutmaus sieht wie ein Mammut aus. Gedichte für Kinder. München: Hanser 2006
S. 76
Märchen-Sprüche. Knusper, Knusper … Aus: Die schönsten Kindermärchen. Rastatt: Verlag Arthur Moewig GmbH 1987
S. 76
Märchen-Sprüche. Spieglein, Spieglein … Aus: Die schönsten klassischen Märchen. Rastatt: Verlag Arthur Moewig GmbH 1987
S. 76
Märchen-Sprüche. Ziege, bist du … Aus: Die schönsten Kindermärchen. Rastatt: Verlag Arthur Moewig GmbH 1987
S. 51
Maxeiner, Alexandra: Alles Familie! (bearb.) Leipzig: Klett Kinderbuch 2010
S. 133
Mein gelber Hund. Nach: Sharon Creech: Der beste Hund der Welt (Auszug). Frankfurt am Main: S. Fischer Verlag 2007
S. 80
Morgenstern, Christian: Die drei Spatzen (Auszug). Aus: Gesammelte Werke. München: Piper 1965
S. 81
Morgenstern, Christian: Die drei Spatzen. Aus: Gesammelte Werke. München: Piper 1965
S. 53
Moser, Erwin: Der Lehnstuhl. Aus: Das große Fabulierbuch. 1995 Beltz & Gelberg in der Verlagsgruppe Beltz, Weinheim/Basel, © Erwin Moser
S. 58
Müller, Birte: Willi und seine Schwester (bearb.). Aus: Planet Willi. Leipzig: Klett Kinderbuch 2012
S. 148
Naoura, Salah: Tiere in Tansania. Aus: In der Savanne. Mannheim-Leipzig-Zürich: Meyers Lexikonverlag 1999
S. 56
Nitsch, Cornelia: Alltagsmutter – Sonntagsvater (gek.). Aus: Bald ist alles wieder gut. Vorlesegeschichten zum Trösten und Mutmachen. München: Mosaik Verlag/Random House 1996
S. 17
Nöstlinger, Christine: Uch bun dur Frunz (Titel hinzugefügt, gek.). Aus: Quatschgeschichten vom Franz. Hamburg: Verlag Friedrich Oetinger 2005
S. 47
Obrecht, Bettina: Von wegen süß! (Auszug, gek.) München: Deutscher Taschenbuch Verlag 2002
S. 26
Pape, Saskia: Zwei Elefanten (Titel hinzugefügt). Aus: Lirum Larum Lecker! Reime zum Reinhauen. Zwickau: Klett Kinderbuch 2012
S. 88
Rahn, Sabine: Die Mutprobe. Aus: Kleine Wintergeschichten (gek.). München: arsEdition 1998
S. 60
Remenyi, Andreas: Das Maglied. Aus: Georg Bydlinski (Hrsg.): Der neue Wünschelbaum. Wien: Dachs-Verlag 1999
S. 142
Rezepte aus aller Welt. Aus: http://www.schule-und-familie.de/rezepte/rezepte-aus-aller-welt.html
S. 181
Richter, Jutta: Heckenrosenzeit (gek.). Aus: Am Himmel hängt ein Lachen. Köln: Boje Verlag 2009
S. 122
Ringelnatz, Joachim: Ich hab dich so lieb. Aus: Gesammelte Werke. Berlin: Henssel Verlag 1984
S. 92
Saalmann, Günter: Die Sonne kitzelt schon … Aus: Der Räuber schwingt das Buttermesser. Berlin: Der Kinderbuchverlag 1980
S. 30
Salis-Seewis, Johann Gaudenz von: Herbstlied. Aus: Gedichte. Gesammelt durch seinen Freund Friedrich Matthisson. Zürich: Orell Füssli 1797
S. 111
Schawerda, Elisabeth: Grün. Aus: Elisabeth Schawerda, Helga Bansch (Ill.): Das Geheimnis ist blau. Wien: Wiener Dom Verlag 2011
S. 77
Schöne, Gerhard: Der Riese Glombatsch. Aus: Lieder aus dem Kinderland. Lied der Zeit GmbH Musikverlag und Bühnenvertrieb bei Roba Music Verlag GmbH, Hamburg
S. 134
Schreiber, Chantal: Kleine Katze. Aus: Wolf Harranth und Christine Sormann (Hrsg.): Im Pfirsich wohnt der Pfirsichkern. Mödling-Wien: Verlag St. Gabriel 1994
S. 57
Schwarz, Regina: Nach einem Streit. Aus: Hans-Joachim Gelberg (Hrsg.): Überall und neben dir. Gedichte für Kinder. © 1993 Beltz & Gelberg in der Verlagsgruppe Beltz, Weinheim/Basel
S. 192
Siegner, Ingo: Der kleine Drache Kokosnuss. Lustige Witze für Erstleser (Auszug). München: cbj Verlag 2013
S. 62
Sommer-Bodenburg, Angela: Deckst du mich abends zu. Aus: Ich lieb dich trotzdem immer. Köln: Middelhauve Verlag 1987
S. 122
Sommer-Bodenburg, Angela: Du ich hab dich lieb. (gek.) Aus: Freu dich nicht zu früh, ich verlass dich nie! Reinbek bei Hamburg: Wunderlich Verlag 1987
S. 93
Steinwart, Anne: Wir. Aus: Tausendfüßler lässt schön grüßen! Hamburg: Carlsen Verlag 1990. © Rechte beim Autor
S. 190
Stewner, Tanya: Die Delfine (Titel hinzugefügt, Auszug, gek.). Aus: Liliane Susewind – Delphine in Seenot. Frankfurt am Main: Fischer Schatzinsel 2008
S. 113
Storm, Theodor: Schneeglöckchen. Aus: Gottfried Hohnefelder (Hrsg.) Gedichte. Frankfurt am Main: Insel Verlag 1983
S. 145
Tres tristes tigres … Aus: Silvia Hüsler-Vogt: Tres tristes tigres … Drei traurige Tiger. Freiburg: Lambertus Verlag 1989
S. 187
Ulrichs, Timm: ebbe/flut. Aus: Eugen Gomringer (Hrsg.): Konkrete Poesie. Stuttgart: Reclam 1972
S. 149
UNICEF: Spiele rund um die Welt. Nur als pdf-Datei: http://www.welthaus.de/fileadmin/user_upload/Bildung/pdf_fuer_Downloads/UnicefSpieleRundUmDieWelt.pdf
S. 74
Vom dicken, fetten Pfannkuchen. Deutsches Volksmärchen. Aus: In der zweiten Klasse. Berlin/Leipzig: Volk und Wissen Verlag 1950
S. 135
Was du einen Tierarzt … (Titel hinzugefügt, bearb.). Nach: Marlene Schmid und Malin Person: Interview mit Tierarzt Dr. Detlef Beck. Badische Zeitung vom 29.5.2013 http://www.badische-zeitung.de/schuelertexte/wir-hatten-hier-schon-einen-luchs--72329181.html
S. 184
Weinhold, Angela: Das Gewitter: Wieso? Weshalb? Warum? Unser Wetter (Auszug, gek.). Ravensburg: Ravensburger Buchverlag Otto Maier 2000
S. 193
Wiemer, Rudolf Otto: Urlaubsreise. Aus: Hans-Joachim Gelberg (Hrsg.): Überall und neben dir. © 1986 Beltz & Gelberg in der Verlagsgruppe Beltz, Weinheim/Basel, S. 86
S. 123
Wittkamp, Frantz: Auf der Ende neben mir. Aus: Hans-Joachim Gelberg (Hrsg.): Die Erde ist mein Haus. © 1988 Beltz & Gelberg in der Verlagsgruppe Beltz, Weinheim/Basel
S. 122
Wittkamp, Frantz: Ich freue mich … Aus: Du bist da, und ich bin hier. Münster: Coppenrath Verlag 2008
S. 107
Wölfel, Ursula: Die Geschichte von den beiden Heuhüpfern. Aus: Siebenundzwanzig Suppengeschichten. Stuttgart: Thienemann Verlag 2010
S. 85
Zuckowski, Rolf: In der Weihnachtsbäckerei (gek.). © by MUSIK FÜR DICH Rolf Zuckowski OHG, Hamburg
S. 32
Zuckowski, Rolf: Nasenküsse. Aus: Kinderliederbuch, Band 2 (SIK 1133). © 1988 MUSIK FÜR DICH Rolf Zuckowski OHG, Hamburg

Bildquellen

S. 10 Nadia Budde: Trauriger Tiger toastet Tomaten, Peter Hammer Verlag GmbH, Wuppertal 2002; **S. 11** Mauritius images (Max und Moritz); **S. 12** Kinderbastelarbeit: © Cornelsen Schulverlage/Foto: Marion Gutzmann, Reichenwalde; **S. 13** Kinderbastelarbeit: © Cornelsen Schulverlage/Foto: ProfilFotografie Marek Lange, Berlin; **S. 20** Fotolia/Handmade-Pictures (Brotdose), Fotolia/nito (Anspitzer), Fotolia/mdxphoto (Meerschweinchen), Shutterstock/Vladvm (Schere), Shutterstock/Dja65 (Etui), Fotolia/ibphoto (Lineal), LAMY/mit freundlicher Genehmigung von LAMY C. Josef Lamy GmbH, Heidelberg (Füller), Mirjam Löwen, Mittweida (Schnellhefter), Shutterstock/Alexandr Makarov (Klebestift); **S. 28** Kinderbastelarbeit: © Cornelsen Schulverlage; **S. 36/1** Mauritius images, **/2** picture alliance/Arco Images, **/3** Fotolia/emer, **/4** Fotolia/Omika; **S. 40** Regine Schindler/Hilde Heyduck-Huth: Martinus teilt den Mantel, © Verlag Ernst Kaufmann, Lahr; **S. 41** Mauritius images/imagebroker/Dr. Wilfried Bahnmüller; **S. 44** Mauritius images/Alamy/John Glower; **S. 48/49** Astrid Lindgren/Ilon Wikland: Die Kinder aus der Krachmacherstraße, © Verlag Friedrich Oetinger, Hamburg 1992; **S. 51** Alexandra Maxeiner/Anke Kuhl: Alles Familie!, © 2010 by Klett Kinderbuch, Leipzig; **S. 53** Erwin Moser: Das große Fabulierbuch, Weinheim-Basel: Beltz Verlag 1995, Programm Beltz und Gelberg, © Erwin Moser; **S. 54** Uta Bettzieche nach Paul Maar: Anne will ein Zwilling werden, Hamburg: Verlag Friedrich Oetinger 1982; **S. 58/59** Birte Müller: Planet Willi, © 2012 by Klett Kinderbuch, Leipzig; **S. 64** Kinderzeichnung: © Cornelsen Schulverlage; **S. 66** Cover: Hans Christian Andersen/Maja Dusíková: Die Prinzessin auf der Erbse, © 2007 NordSüd Verlag AG, Zürich, Schweiz; **S. 70** akg-images (Lithograph von 1880); **S. 83** Fotolia/Bobo; **S. 86** Kees de Kort: Jesus ist geboren, Deutsche Bibelgesellschaft 1967, © Kees de Kort, Bergen, Niederlande; **S. 94** Mirjam Löwen, Mittweida (Adjektivkarte und 2 Büroklammern); **S. 96/97** Mies von Hout: Heute bin ich, Erstveröffentlichung durch Lemniscaat b.v., Niederlande, 2011, unter dem Namen Vrolij, deutsche Ausgabe: aracari verlag ag, Schweiz, 2012, Foto aufgeklapptes Buch: ProfilFotografie Marek Lange, Berlin; **S. 99** Cover: Menena Cottin: Das schwarze Buch der Farben, S. Fischer Verlag GmbH, Frankfurt am Main, KJB 2008; **S. 102** Kinderbastelarbeit: © Corlsen Schulverlage; **S. 103** Shutterstock/Karina Bakalyan; **S. 105** Cover: Aygen-Sibel Çelik/Barbara Korthues: Sinan und Felix, SchauHör Verlag, Pulheim 2014; **S. 112** Kinderbastelarbeit: © Cornelsen Schulverlage; **S. 115** Kinderbastelarbeiten, © Cornelsen Schulverlage/Foto: ProfilFotografie Marek Lange, Berlin; **S. 117** Shutterstock/Pan Xunbin (Schmetterlingseier), Fotolia/Andreas Berheide (Hühnereier), Imago (Schlangeneier, Schneckeneier); **S. 119** www.storchennest.de/de/index_1566.html, NABU RV Calau e.V. (Zugriffe: 22.4./27.11.2014) (Screenshot), Fotolia/Vidady (Storch); **S. 120/1+2** Fotolia/Eric Isselée; **/3** Fotolia/schaef; **S. 121** Fotolia/Vitaly Ilyasov; **S. 124** Karteikarten und Kinderillustrationen: © Cornelsen Schulverlage; **S. 126** Fotolia/Kaarsten (schwarzes Kaninchen), Fotolia/Bobo (braunes Kaninchen); **S. 128** ClipDealer/Carola Schubbel; **S. 134** Franz Marc: Die weiße Katze (Kater auf gelbem Kissen), 1912, Stiftung Moritzburg, Halle a.d.S., Kunstmuseum des Landes/akg-images; **S. 135** Logo: Shutterstock/HuHu; **S. 136** Kinderbastelarbeit: © Cornelsen Schulverlage/Foto: ProfilFotografie Marek Lange, Berlin; **S. 139** Shutterstock/StockCube (Hausboot), Shutterstock/Konstantin Sutyagin (rollendes Haus), Laif/Jean-Pierre DUTILLEUX/GAMMA/laif (Baunhaus), Shutterstock/Tyler Olson (Iglu); **S. 142** www.schule-und-familie.de/rezepte/rezepte-aus-aller-welt.html (Zugriff: 27.11.2014), © Johann Michael Sailer Verlag, Nürnberg; **S. 146** Kinderbuchzeichner John Kilaka (Foto), Karin Hofer/Baobab Books, Basel, Schweiz (Illustration); **S. 147** Cover: John Kilaka: Gute Freunde, © 2004 Baobab Books, Basel, Schweiz; **S. 148** Fotolia/Eric Isselée (Löwe), Fotolia/tiero (Nashorn), Fotolia/anankkml (Nilpferd, Flusspferd), Fotolia/Patryk Kosmider (Elefant), Fotolia/Eric Isselée (Leopard), Shutterstock/Eric Isselee (Giraffe); **S. 149** Spiele rund um die Welt: © UNICEF; **S. 154** Kopiervorlage Drehbücherei: © LISUM Berlin-Brandenburg 2007, Idee: Erna Hattendorf/Irene Hoppe, Beschriftung: © Cornelsen Schulverlage; **S. 157** Sylvia Heinlein/Sabine Wiemers: Die Sache mit den Superhelden, © Tulipan Verlag, München 2009; **S. 158** © Cornelsen Schulverlage/Foto: ProfilFotografie Marek Lange, Berlin; **S. 159** Lauren Child: Das ist aber total mein Buch, Deutsch von Karen Thilo und Martin Frei-Borchers. Frankfurt am Main: Fischer Taschenbuch Verlag 2007, S. 3, © Charlie and Lola: But Excuse Me That is My Book. Lauren Child/Tiger Aspect, London, Großbritannien; **S. 160** Astrid Lindgren/Katrin Engelking: Pippi Langstrumpf, © Verlag Friedrich Oetinger, Hamburg 2007 (Pippi Langstrumpf); Die Biene Maja: Nach den Geschichten von Waldemar Bonsels „Die Biene Maja" © Studio 100 Animation, ™ Studio 100, www.maja.tv – www.studio100.eu (Die Biene Maja); © (2014) Studio 100 Media GmbH, www.studio100.de (Nils Holgersson, Pinocchio); **S. 161** © Cornelsen Schulverlage/Foto: ProfilFotografie Marek Lange, Berlin; **S. 162** Cover: Eoin Colver: Tim und das Geheimnis von Knolle Murphy, Deutsch von Brigitte Jakobeit, © 2009 Beltz & Gelberg in der Verlagsgruppe Beltz, Weinheim/Basel; **S. 163** Kopiervorlage Drehbücherei: © LISUM Berlin-Brandenburg 2007, Idee: Erna Hattendorf, Irene Hoppe, Beschriftung: © Cornelsen Schulverlage; **S. 166** Kinderbastelarbeit: © Cornelsen Schulverlage/Foto: ProfilFotografie Marek Lange, Berlin; **S. 168/169** Cover: Finn-Ole Heinrich/Rán Flygenring: Frerk, du Zwerg!, arsEdtion 2011; **S. 170** Cover: Cornelia Funke (Text/Illustrationen): Gespensterjäger auf eisiger Spur, © 1993 Loewe Verlag GmbH, Bindlach; **S. 171** Kinderbastelarbeit: © Cornelsen Schulverlage; **S. 177** Cover: Oliver Jeffers: Der unglaubliche kleine Bücherfresser, © Aufbau Verlag, Berlin 2012; **S. 180** Kinderbastelarbeiten: © Cornelsen Schulverlage; **S. 185** Cover: Kirsten Boie: Sommer im Möwenweg, © Verlag Friedrich Oetinger, Hamburg 2002; **S. 190** Cover: Tanya Stewner/Eva Schöffmann-Davidov: Liliane Susewind – Delphine in Seenot, Fischer Schatzinsel 2008, © S. Fischer Verlag, Frankfurt am Main 2014; **S. 191** Fotolia/ciesiel; **S. 192** Ingo Siegner: Der kleine Drache Kokosnuss – Lustige Witze für Erstleser (Auszug), 2013 München: cbj Verlag in der Verlagsgruppe Random House GmbH; **S. 194** Shutterstock/Nyvlt-art (Schneckenhaus), Shutterstock/Angel Simon (Muschel), Shutterstock/Dog-maDe-sign (Stein), Shutterstock/Potapov Alexander (Feder).

Lese*freunde* 2

Das kann ich schon

Portfolio-Heft

Name:

VOLK UND WISSEN

Lese-Steckbrief

☐ am Anfang / ☐ am Ende des Schuljahres 20____ /20____

Das lese ich zurzeit am liebsten:

☐ ☐ Freundschaftsgeschichten ☐ ☐ Zeitschriften

☐ ☐ Bücher über Tiere ☐ ☐ Märchen

☐ ☐ Detektivgeschichten ☐ ☐ Sachbücher

☐ ☐ Abenteuergeschichten ☐ ☐ Comics

☐ ☐ Bücher über mein Hobby ☐ ☐ Gedichte

☐ ☐ _____

Meine Lieblingsbücher am Anfang des Schuljahres:

▸ _____

Meine Lieblingsbücher am Ende des Schuljahres:

▸ _____

So eine Leserin/So ein Leser bin ich:

☐ ☐ Ich habe es gern, wenn mir jemand vorliest.

☐ ☐ Ich lese gern anderen vor.

☐ ☐ Ich lese gern mit einem Partnerkind zusammen.

☐ ☐ Ich lese lieber allein für mich.

Lesebilanz   Datum _____

So viele Texte habe ich gelesen:

____ Geschichten, ____ Gedichte, ____ Sachtexte,

____ andere Texte (z.B. Rätsel, Witze …)

Leseliebling

Diesem Text verleihe ich die Gold-Medaille:

, S.

Begründung: ▸

Lesetraining: eine Textstelle finden und genau lesen

Das kann ich schon gut:

Das möchte ich noch üben:

Meine Unterschrift: _____

3

Im Herbst

Lesebilanz   Datum _____

So viele Texte habe ich gelesen:

____ Geschichten, ____ Gedichte, ____ Sachtexte,

____ andere Texte (z.B. Rätsel, Witze …)

Leseliebling

Diesem Text verleihe ich die Gold-Medaille:

, S.

Begründung: ▸

Lesetraining: ein Gedicht zum Vorlesen vorbereiten

Das kann ich schon gut:

Das möchte ich noch üben:

Meine Unterschrift: _____

Lesebilanz Datum _____

So viele Texte habe ich gelesen:

____ Geschichten, ____ Gedichte, ____ Sachtexte,

____ andere Texte (z.B. Rätsel, Witze …)

Leseliebling

Diesem Text verleihe ich die Gold-Medaille:

_____ , S. __

Begründung: _____

_____

Lesetraining: Aussagen zu einem Text prüfen

Das kann ich schon gut:

_____

_____

Das möchte ich noch üben:

_____

_____

Meine Unterschrift: _____

Märchenzeit

Lesebilanz

Datum _____

So viele Texte habe ich gelesen:

____ Geschichten, ____ Gedichte, ____ Sachtexte,

____ andere Texte (z.B. Rätsel, Witze …)

Leseliebling

Diesem Text verleihe ich die Gold-Medaille:

, S.

Begründung:

Lesetraining: sich vorstellen, was man liest

Das kann ich schon gut:

Das möchte ich noch üben:

Meine Unterschrift: _____

Lesebilanz Datum _____

So viele Texte habe ich gelesen:

____ Geschichten, ____ Gedichte, ____ Sachtexte,

____ andere Texte (z.B. Rätsel, Witze …)

Leseliebling

Diesem Text verleihe ich die Gold-Medaille:

_____, S. _____

Begründung: _____

_____

Lesetraining: Gedichte untersuchen

Das kann ich schon gut:

_____

_____

Das möchte ich noch üben:

_____

_____

Meine Unterschrift: _____

Das tut mir gut

Lesebilanz   Datum _____

So viele Texte habe ich gelesen:

____ Geschichten, ____ Gedichte, ____ Sachtexte,

____ andere Texte (z.B. Rätsel, Witze …)

Leseliebling

Diesem Text verleihe ich die Gold-Medaille:

_____

_____, S. _____

Begründung: ▸_____

_____

Lesetraining: mit anderen über Texte sprechen

Das kann ich schon gut:

_____

_____

Das möchte ich noch üben:

_____

_____

Meine Unterschrift: _____

Lesebilanz   Datum _____

So viele Texte habe ich gelesen:

____ Geschichten, ____ Gedichte, ____ Sachtexte,

____ andere Texte (z.B. Rätsel, Witze …)

Leseliebling

Diesem Text verleihe ich die Gold-Medaille:

_____ , S. ____

Begründung: ▸ _____

_____

Lesetraining: Gedichte auswendig lernen

Das kann ich schon gut:

_____

_____

Das möchte ich noch üben:

_____

_____

Meine Unterschrift: _____

Mit Tieren leben

Lesebilanz   Datum _____

So viele Texte habe ich gelesen:

_____ Geschichten, _____ Gedichte, _____ Sachtexte,

_____ andere Texte (z.B. Rätsel, Witze …)

Leseliebling

Diesem Text verleihe ich die Gold-Medaille:

_____ , S. ___

Begründung: ▸ _____

_____

Lesetraining: einen Text mit eigenen Worten wiedergeben

Das kann ich schon gut:

Das möchte ich noch üben:

Meine Unterschrift: _____

Lesebilanz   Datum _____

So viele Texte habe ich gelesen:

____ Geschichten, ____ Gedichte, ____ Sachtexte,

____ andere Texte (z.B. Rätsel, Witze …)

Leseliebling

Diesem Text verleihe ich die Gold-Medaille:

_____ , S.
_____

Begründung: ▸_____
_____

Lesetraining: schnell Informationen in verschiedenen
                Medien finden

Das kann ich schon gut:

▸_____
_____

▸_____
_____

Das möchte ich noch üben:

▸_____
_____

▸_____
_____

Meine Unterschrift: _____

In der Bibliothek

Lesebilanz Datum _____

So viele Texte habe ich gelesen:

____ Geschichten, ____ Gedichte, ____ Sachtexte,

____ andere Texte (z.B. Rätsel, Witze …)

Leseliebling

Diesem Text verleihe ich die Gold-Medaille:

_____

_____

_____, S. _____

Begründung: ▸

_____

_____

Lesetraining: den eigenen Lesetyp herausfinden

Das kann ich schon gut:

_____

_____

_____

_____

Das möchte ich noch üben:

_____

_____

_____

_____

Meine Unterschrift: _____

Unheimliches und Spannendes

Lesebilanz   Datum _____

So viele Texte habe ich gelesen:

____ Geschichten, ____ Gedichte, ____ Sachtexte,

____ andere Texte (z.B. Rätsel, Witze …)

Leseliebling

Diesem Text verleihe ich die Gold-Medaille:

_____ , S.

Begründung: _____

_____

Lesetraining: ein Buch vorstellen

Das kann ich schon gut:

_____

_____

Das möchte ich noch üben:

_____

_____

Meine Unterschrift: _____

13

Im Sommer

Lesebilanz   Datum _____

So viele Texte habe ich gelesen:

____ Geschichten, ____ Gedichte, ____ Sachtexte,

____ andere Texte (z.B. Rätsel, Witze …)

Leseliebling

Diesem Text verleihe ich die Gold-Medaille:

_____

_____, S.

Begründung: ▸ _____

_____

_____

Lesetraining: Texte untersuchen und vergleichen

Das kann ich schon gut:

_____

_____

_____

_____

Das möchte ich noch üben:

_____

_____

_____

_____

Meine Unterschrift: _____

Partnerlesen

So ist mir das Partnerlesen gelungen:

Ich kann	den Text flüssig vorlesen	(beinahe) fehlerfrei vorlesen	an passen- den Stellen Pausen machen
Text auf Seite _____	☆☆☆	☆☆☆	☆☆☆
Text auf Seite _____	☆☆☆	☆☆☆	☆☆☆
Text auf Seite _____	☆☆☆	☆☆☆	☆☆☆
Text auf Seite _____	☆☆☆	☆☆☆	☆☆☆
Text auf Seite _____	☆☆☆	☆☆☆	☆☆☆
Text auf Seite _____	☆☆☆	☆☆☆	☆☆☆
Text auf Seite _____	☆☆☆	☆☆☆	☆☆☆
Text auf Seite _____	☆☆☆	☆☆☆	☆☆☆
Text auf Seite _____	☆☆☆	☆☆☆	☆☆☆
Text auf Seite _____	☆☆☆	☆☆☆	☆☆☆
Text auf Seite _____	☆☆☆	☆☆☆	☆☆☆
Text auf Seite _____	☆☆☆	☆☆☆	☆☆☆

Ein Brief von meiner Lehrerin/meinem Lehrer

Liebe(r) _____,

herzlichen Glückwunsch: Schon wieder hast du ein Schuljahr geschafft. Und auf dem Weg zur Leserin/ zum Leser bist du vorangekommen.

Ich habe gemerkt, dass du _____

in deinem *Lesefreunde*-Lesebuch liest.

Besonders interessierst du dich wohl für _____

_____. Das freut mich.

Beim Partnerlesen konnte ich beobachten, dass du

_____.

Die Aufgaben zum Lesetraining _____

_____.

Für die Ferien habe ich folgenden Lese-Tipp für dich:

Schöne Ferien wünscht dir

_____

Erarbeitet von: Marion Gutzmann, Irene Hoppe, Alexandra Ritter, Michael Ritter
Illustrationen von: Uta Bettzieche (Hund + Detektiv, Kapitelvignetten), Gabriele Heinisch (Medaille), Christa Unzner (Illustration Umschlag)

Dieses Heft ist Bestandteil des Lesebuches. Es ist außerdem im 10er-Pack bestellbar. (ISBN 978-3-06-083905-6)